PETER MICHAEL DIECKMANN
Drei Schlüssel zur Vergebung

Buch

Es gibt keine universelle Gebrauchsanleitung für Vergebung. Vergebung ist – ebenso wie das Empfinden von Verletzung – immer subjektiv und individuell. Sie ist eine intensive Erfahrung der Heilung, die wir weder erzwingen noch einfordern können. Doch gibt es einen Ort in uns, an dem Vergebung geschehen kann: Das Dalmanuta in unserem Herzen. Der Name »Dalmanuta« bezeichnet den »Meditationsort« von Jesus am See Genezareth, wo er sich immer wieder hin zurückzog und Kontakt zu seiner göttlichen Seele aufnahm. Hier fanden Wunder statt. Wunder der Heilung und Vergebung. Wie wir die Schlüssel zum Dalmanuta in uns finden können, zeigt dieses Buch.

Autor

Peter Michael Dieckmann, 1961 in Duisburg geboren, war viele Jahre lang Zielfahnder bei der Kriminalpolizei. Heute lehrt er im Rahmen von Seminaren und Workshops Meditation und Reiki nach dem Dalmanuta-Prinzip.

Peter Michael Dieckmann

Drei Schlüssel zur Vergebung

Mit dem Dalmanuta-Prinzip
emotionale Verletzungen heilen

GOLDMANN

Der Verlag weist ausdrücklich darauf hin, dass im Text enthaltene externe Links vom Verlag nur bis zum Zeitpunkt der Buchveröffentlichung eingesehen werden konnten. Auf spätere Veränderungen hat der Verlag keinerlei Einfluss. Eine Haftung des Verlags ist daher ausgeschlossen.

Verlagsgruppe Random House FSC® N001967

2. Auflage
Originalausgabe März 2016
© 2016 Wilhelm Goldmann Verlag, München,
in der Verlagsgruppe Random House GmbH,
Neumarkter Straße 28, 81673 München
Umschlaggestaltung: UNO Werbeagentur, München
Umschlagmotiv: © FinePic®, München
Lektorat: Ralf Lay
fm · Herstellung: cb
Satz: EDV-Fotosatz Huber/Verlagsservice G. Pfeifer, Germering
Druck: GGP Media GmbH, Pößneck
Printed in Germany
ISBN 978-3-442-22119-6

www.goldmann-verlag.de

Dieses Buch widme ich Hermann Mathee.

Inhalt

Prolog: Der Tanz auf den Schuldgefühlen........ 11
Dalmanuta............................. 15

I. Die Grundlagen 21

Wir können Vergebung nicht erzwingen –
   Vergebung findet statt!.................. 21
Voraussetzung für Vergebung: Anwesenheit
   und Offenheit 25
Die Erlaubnis, zu vergeben, und die Erlaubnis,
   es nicht zu tun........................ 27
Es gibt kein Entkommen vor uns selbst 43
Mut zu Fehlern, Großmut zur Vergebung......... 47
Heilung durch Vergebung oder
   »Hätte aber die Liebe nicht«............... 51
Liebe und Schuld......................... 57
Zuweisung von Schuld oder Angeln verboten! 61
Unterdrückte Lebensfreude 66
Selbstachtung ist die Basis oder
   Die Rückkehr des verlorenen Sohnes........ 72
Pflicht- und Schuldbewusstsein 77

Der innere Gerichtssaal oder Urteile
   nie mehr über dich selbst 82
Kompetenz und Eigenverantwortung 86
Den Opfern einen Namen geben 92
Traumhafte Vergebung:
   Die inneren Bilder ziehen lassen 101
Was wir beherzigen sollten – Merksätze I 108

**II. Die drei Schlüssel zur Vergebung oder
Das Dalmanuta-Prinzip**................. 111

Tor zum Himmel, Tor zum Herzen,
   Tor zur Welt 111
Warum wir die Tore schließen oder
   Fürchtet euch nicht 115
Das Licht der Werterfüllung:
   Wofür brennst du? 122
Das Wasser deiner Tränen wird zum Wein
   deiner Heilung 132
Der erste Schlüssel zur Vergebung:
   Das Geständnis 136
Der zweite Schlüssel zur Vergebung:
   Die emotionale Tat 140

Der dritte Schlüssel zur Vergebung:
   Abschluss und Neuausrichtung 146
Die kleine Vergebungsübung für zwischendurch . . 152
Was wir beherzigen sollten – Merksätze II 156

III. Das Programm 159

Einklang und Hinwendung 159
Die Änderung der inneren Einstellung 165
Techniken, Meditationen und Übungen 170
Reiki: Vergebung durch Berührung 196
Das Dalmanuta-Prinzip als Leitgedanke für
   emotionale Heilungsarbeit 207
Sechs Leitsätze für Seminarleiter 218

IV. Die Vision 223

Vertrauen, Glaube und das Gefühl der Einheit . . . 223
Das, was du bist, das werde 231
Das Manifest der Vergebung 237

Epilog: »Hallelujah« 247
Dank 250

Anhang 251

Verzeichnis der Techniken, Meditationen
    und Übungen 251
Empfehlungen 252
Anmerkungen 253

Prolog:
Der Tanz auf den Schuldgefühlen

*Du wolltest Wahrheit
und hast dich belogen.
Du wolltest dir treu sein
und hast dich verraten.
Gib es zu, gib es ab und tanze
den Tanz auf deinen Schuldgefühlen.*

*Du wolltest Achtung
und hast dich klein gemacht.
Du wolltest bei dir sein
und hast gefehlt.
Gib es zu, gib es ab und tanze
den Tanz auf deinen Schuldgefühlen.*

*Du wolltest Gnade
und hast dich verurteilt.
Du wolltest sanft sein
und bliebst hart.
Gib es zu, gib es ab und tanze
den Tanz auf deinen Schuldgefühlen.*

Du wolltest Berührung
und hast dich verschlossen.
Du wolltest dir nah sein
und hast dich entfernt.
Gib es zu, gib es ab und tanze
den Tanz auf deinen Schuldgefühlen.

Du wolltest Freundschaft
und hast dich getrennt.
Du wolltest frei sein
und hast dich eingesperrt.
Gib es zu, gib es ab und tanze
den Tanz auf deinen Schuldgefühlen.

Ein Samstagabend in einem kleinen Ort an der deutschen Nordseeküste: Eine Gruppe von zwanzig Menschen geht im Dunkeln eine Straße entlang, ihr Ziel ist die katholische Kirche des Dorfes. Jeder von ihnen führt ein Blatt Papier mit sich, auf das er wenige Stunden zuvor zwei Wörter geschrieben hat: »Meine Schuldgefühle«. Jetzt, angekommen in der Kirche, versammeln sie sich in einem Vorraum und schließen die Pforte ab. Sie wollen unter sich bleiben und nicht gestört werden.

Einem nach dem anderen wird nun die Frage gestellt: »Bist du bereit, ein weiteres Tor in deinem Herzen zu öffnen und hindurchzugehen?« Nach der Antwort »Ja« öffnet jeder die Tür zum Innenraum der Kirche und geht einzeln nach vorn in Richtung Altar. Dort erwartet sie der Zeremonienmeister.

Nun, da alle dort zusammenstehen, erschallt aus einem Gettoblaster der Song »Hallelujah« von Leonard Cohen in der etwas härteren Version von Lucky Jim. Mit den letzten Klängen setzen sich alle auf die Kirchenbank in der ersten Reihe vor dem Altar. Sie nehmen den Zettel mit den Wörtern »Meine Schuldgefühle« in ihre rechte Hand und halten ihn an ihr Herz. Sie schließen die Augen und entzünden in ihrer Vorstellung ein Fegefeuer in ihrem Innern. Dieses Fegefeuer erfüllt nur einen Zweck: ihre Schuldgefühle zu verbrennen. Während ihrer Meditation ertönt dieses Mal in der höchstmöglichen Lautstärke aus der Boombox das »Vaterunser« von E Nomine als Technoversion, gesprochen von der deutschen Synchronstimme Robert De Niros, Christian Brückner: »Vergib uns unsere Schuld, wie auch wir vergeben unseren Schuldigern. Der Herr ist ein Schatten über deiner rechten Hand!«

Jetzt, nach der Meditation des »Fegefeuers der Herzen«, geht der Zeremonienmeister reihum zu jedem Einzelnen der Gruppe. Er hält ihnen seine Hände hin, die offenen Handflächen bilden die Form einer Schale. Nacheinander zerreißen alle ihre »Schuldgefühle-Zettel« und legen die Schnipsel in die Hände des Meisters. Jedem Einzelnen blickt er dabei tief in die Augen, dann öffnet er langsam, gleichsam in Zeitlupe, die Schale, sodass die Schnipsel auf den Boden fallen. In diesem Moment fällt die Schuld von jedem ab, der Ausdruck der Augen verändert sich, und die Gesichtszüge entspannen sich zu einem Lächeln. Und dann tanzen sie, sie tanzen auf ihren innerlich verbrannten und äußerlich zerrissenen Schuldgefühlen zur Musik von George Harrison: »My Sweet Lord«.

Und der Zeremonienmeister ... bin ich!

Dalmanuta

Den Entschluss, nach Israel zu reisen, hatte ich gefasst, als ich mich in einer emotionalen Krise befand. »Du zeigst als Meditationslehrer Wege auf, wie Menschen ihre innere Mitte finden können, hast deine eigene aber unterwegs verloren«, dachte ich. »Was kann ich tun, um sie wiederzufinden?«, fragte ich mich. Die gedankliche Antwort kam sofort: »Meditiere an der Stelle, an der das Christentum angefangen hat.«

Kurzfristig ließ sich der Plan nicht umsetzen, aber Ende des Jahres 2013 flog ich in Begleitung meines guten Freundes Lars nach Jerusalem. Während dieser Woche machten wir auch einen Tagesausflug an den See Genezareth. Ich ging zu der Stelle, an der Jesus die ersten Jünger aufgefordert hatte, ihm zu folgen. Ich setzte mich ans Ufer des Sees, schaute in den Himmel und schloss dann die Augen. Eine Stunde saß ich dort und meditierte.

Was ich dabei erlebt habe, werde ich niemals mehr vergessen. Zum ersten Mal in meinem Leben war ich bewusst mit mir und meinem Leben im Reinen. »Wenn dein Leben jetzt zu Ende wäre, wäre es okay«, dachte ich. Nicht, dass ich sterben wollte, im Gegenteil, ich fühlte mich so lebendig und freudig wie lange nicht mehr. Aber ich spürte meine Verbundenheit mit »allem, was ist«, ich war eins mit mir, mit dem Leben und dem Göttlichen. Ich war angekommen. Dieses Gefühl konnte ich noch lange Zeit danach in mir hervorrufen. Meine Meditation am See hatte mich unwiderruflich verändert.

Wenn ich mich heute an diesen Moment zurückerinnere, steigt eine große Sehnsucht in mir auf. Schon als ich den Ort verließ, beschloss ich wiederzukommen. Dann aber wollte ich nicht nur eine Stunde, sondern drei Tage am See Genezareth bleiben.

Nachdem ich zu Hause angekommen war, buchte ich meine zweite Reise nach Galiläa: vier Tage im August 2014. Im Juli brach der Krieg in Palästina aus. Wochenlang feuerte die radikalislamische Hamas Raketen aus dem Gazastreifen auf Israel. Nach drei Wochen hatte die Organisation ihr Ziel erreicht: Das israelische Militär reagierte und marschierte in den Gazastreifen ein. Wie es in allen Kriegen der Fall ist, zahlten auch in diesem Konflikt den Preis unschuldige Frauen, Männer und Kinder. Auch im August dauerte der Krieg noch an, und meine Reise war gefährdet. Ich persönlich hatte keine Bedenken, dorthin zu fliegen, die Wahrscheinlichkeit, selbst betroffen zu werden, war minimal, aber meine Familie machte sich verständlicherweise Sorgen. Ich fragte mich, ob ich entspannt eine Reise antreten könnte, wenn meine Frau zu

Hause sitzt und Angst um mich hat. Die zweite Frage war, ob es moralisch vertretbar ist, eine Meditationsreise zur persönlichen Selbstverwirklichung anzutreten, wenn wenige Kilometer vom Zielort entfernt Kinder sterben. Zwei Tage vor Reisebeginn flammten die Kämpfe richtig auf, ein Ende des Krieges war nicht in Sicht. Doch am nächsten Abend geschah, was noch wenige Stunden vorher undenkbar erschien: Die beiden Konfliktparteien einigten sich auf eine dauerhafte Waffenruhe. Meine Familie war ein wenig beruhigt, und ich konnte meine Reise unbeschwert antreten.

Es waren verständlicherweise nur wenige Touristen in dem Land, die ansonsten überlaufenen Stellen waren in den Tagen meines Aufenthalts menschenleer. Generell reisen im August nicht allzu viele Leute nach Galiläa, dazu ist es um diese Jahreszeit zu heiß. Und die meisten derjenigen, die es dennoch vorhatten, hatten ihre Reise wegen des Krieges storniert. Somit hatte ich »meine« Meditationsstellen am See Genezareth fast für mich allein.

Eine dieser Stellen heißt Dalmanuta. Sie liegt auf dem Gelände von Tabgha nahe der Brotvermehrungskirche. Sonntags findet dort ein Gottesdienst unter freiem Himmel statt, der von Benediktinermönchen abgehalten wird. Dieser Gottesdienst direkt am See, auf dem der Legende nach Jesus über das Wasser wandelte, ist auch für diejenigen ein Erlebnis, die normalerweise keine Fans der katholischen Liturgie sind. An diesem besonderen Ort fühlt man sich unweigerlich verbunden mit den Geschehnissen, die sich dort vor 2000 Jahren ereignet haben. Einen dieser Gottesdienste besuchte ich mit meiner Reisebegleiterin Stefanie. Die Mönche sprachen Stefanie an und baten sie darum, im Rahmen der Messe eine Fürbitte für die UN-Soldaten zu sprechen, die sich zum Teil seit Monaten in der Geiselhaft syrischer Islamisten befanden. Und wieder geschah etwas, was niemand zu diesem Zeitpunkt für realistisch gehalten hatte: Am gleichen Abend wurden die Soldaten freigelassen. War es ein Wunder, war es Zufall – oder beides zugleich? »Der Zufall ist das Pseudonym, das der liebe Gott wählt, wenn er inkognito bleiben will«, sagte einst Albert Schweitzer.

Unabhängig von der Feststellung, dass die Geiselnahme ein Verbrechen ist, war die Freilassung der UN-Soldaten ein Akt der Heilung. Für die Soldaten selbst bedeutete sie Heilung von der Furcht, für lange Zeit ihre Freiheit oder sogar ihr Leben zu verlieren. Und für ihre Angehörigen war es die Heilung von der Sorge um ihren Sohn, ihren Vater, ihren Bruder, ihren Ehemann. Nun, nach der Freilassung, konnten die Betroffenen beginnen, ihre emotionalen Verletzungen zu verarbeiten. Sie konnten beginnen zu vergeben.

Mit den Themen Heilung und Vergebung beschäftige ich mich schon seit Langem, seit 1999 bin ich als Reiki- und Meditationslehrer unterwegs. Doch erst jetzt, auf dieser Reise, wurde mir das Prinzip bewusst. Das Prinzip, das ich nach dem Ort benannt habe, an dem es mir offenbart worden ist: Dalmanuta. Das Prinzip, auf dem alle Wunder der Heilung und Vergebung beruhen. Und diese Wunder sind auch heute gegenwärtig, sie finden an dem Ort der Liebe und Heilung in unserem Inneren statt: Ich nenne diesen Ort »das Dalmanuta in meinem Herzen«.

I. Die Grundlagen

»Verzeihen ist die schwerste Liebe.«
Albert Schweitzer

Wir können Vergebung nicht erzwingen – Vergebung findet statt!

Bei den auf ihren Schuldgefühlen tanzenden Gruppenmitgliedern handelte es sich nicht, wie man möglicherweise vermuten könnte, um Angehörige einer obskuren Sekte, sondern um Teilnehmer eines Reiki-Seminars: Ärzte und Polizisten, Lehrer und Professoren, Physiotherapeuten und Pflegekräfte, Handwerker und Wissenschaftler, Architekten und Ingenieure, Schüler und Studenten, Geschäftsführer und Azubis, Alleinerziehende, Geschiedene und Verheiratete, Katholiken, Protestanten und Atheisten, religiöse und areligiöse, spirituell Interessierte und nicht spirituell Interessierte unterschiedlichen Alters und beiderlei Geschlechts haben in den vergangenen Jahren mit einem schriftlichen Dokument ihrer Schuldgefühle in der Hand den Gang zur Kirche in dem kleinen Ort an der Nordseeküste angetreten. Es sind Menschen »wie du und ich«. Was sie miteinander verbindet, ist die innere Arbeit an ihren emotionalen Verletzungen und Schuldgefühlen. Niemand ist ohne solche inneren Wunden. Solange wir fühlen können, werden wir auch Schmerz empfinden, solange wir denken können, werden wir auch leidvolle Gedanken haben, und solange wir handeln können, werden wir manches Mal auch Täter sein. »Ein ganzer Mensch ist derjenige, der mit Gott gegangen und mit dem Teufel gerungen hat«, sagte einst C. G. Jung.

Nicht selten zeigt sich der Teufel, mit dem man ringen muss, in Gestalt eines Familienangehörigen: »Mein Vater ist ein 88 Jahre alter Kotzbrocken«, erzählte Reinhard. »Nach über fünfzig Jahren komme ich mir in seiner Anwesenheit immer noch wie ein kleiner Schuljunge vor, der nichts weiß und nichts kann. Meine Brüder halten sich von ihm fern, aber ich fühle mich verpflichtet, mich um ihn zu kümmern. Seit dem Tod unserer Mutter lebt er allein in der Wohnung und kommt kaum zurecht. Als sie vor zwei Jahren im Sterben lag, baten mich meine Brüder, unseren Vater von ihr fernzuhalten. Seit ich denken kann, hat er alle Menschen tyrannisiert, die es gut mit ihm meinten. Ich habe in den letzten Jahren mit allen möglichen Techniken und Übungen versucht, meinem alten Vater für das Leid, dass er uns angetan hat, zu vergeben. Es ist mir nicht gelungen, mein Gefühl für ihn war Hass. Oftmals habe ich sogar gedacht, dass es besser für mich wäre, wenn er tot wäre. Doch sogar der liebe Gott will ihn nicht haben.

Vor einigen Tagen war ich bei ihm, da sein Fernseher streikte. Bereits nach zwei Minuten hatten wir uns wieder in der Wolle. Er kritisierte mich am laufenden Band und wusste alles besser. Ich bekam den Fernseher wieder zum Laufen und wollte ihm die Fernbedienung erklären. Nichts von dem, was ich sagte, nahm er an. Ein Fernsehfachmann habe ihm die Funktionen der Fernbedienung anders erklärt, belehrte er mich. Ich wies auf den laufenden Fernseher und sagte ihm, dass dieser doch der Beweis dafür sei, dass ich recht hätte. Gleichzeitig ärgerte ich mich darüber, dass ich mich wieder für mein Verhalten rechtfertigte, so wie ich es seit meiner Kindheit ihm gegenüber ständig getan habe. Wie immer gingen wir im Streit auseinander.

Gestern fuhr ich wieder zu ihm hin, um ihm zu sagen, dass ich verreisen würde und deshalb für ein paar Tage nicht erreichbar wäre. Als ich kam, saß er wie verloren auf seinem Bett. Seine Hose, die in den letzten Jahren viel zu groß geworden ist, war auf den Boden gerutscht, und er war nicht in der Lage, sich zu bücken. Ich kniete mich vor ihn hin, um sie wieder hochzuziehen.

Dann geschah etwas, womit ich nie gerechnet hätte: Als ich vor ihm in der Hocke war, fühlte ich auf einmal seinen Schmerz, ich spürte seine Verzweiflung über sein Versagen. Ich wusste plötzlich, dass er unendlich traurig war, weil er sein Leben verbockt hatte. In diesem Moment war mein Hass verflogen. Dann spürte ich seine Hand auf meiner Schulter.

›Ich weiß sehr wohl, was du für mich tust, Reinhard‹, sagte er, ›und ich danke dir dafür!‹

Zum ersten Mal in meinem Leben hatte mein Vater ein gutes Wort zu mir gesagt. Alle meine Anstrengungen in den vergangenen Jahren, mit meinem Vater und damit verbunden mit meiner Kindheit ins Reine zu kommen, waren vergeblich gewesen. In dem Augenblick, als ich vor meinem Vater kniete, kam die Vergebung von ganz allein. Seit gestern weiß ich: Vergebung kann man nicht erzwingen – Vergebung findet statt.«

Voraussetzung für Vergebung: Anwesenheit und Offenheit

Wir können Vergebung nicht erzwingen, wir können sie nicht erwarten, und wir können sie nicht einfordern. Sie findet statt. Dennoch gibt es zwei Voraussetzungen für Vergebung. Erstens: Wir müssen anwesend sein, wenn sie stattfindet. Und zweitens: Wir müssen offen für sie sein. Wäre Reinhard an diesem Tag nicht bei seinem Vater gewesen, hätte er das Wunder der Vergebung nicht erfahren können. Sie wäre gleichsam vom Himmel gefallen und am Boden zerschellt. Schließlich hätte es Reinhard seinen Brüdern gleichtun und seinen Vater nicht mehr besuchen können. Niemand, außer vermutlich seinem Vater, hätte es ihm übel genommen. Wieso sollte er sich mit über fünfzig Jahren immer noch wie ein kleiner Junge von seinem Papa beschimpfen lassen? Doch das brachte Reinhard nicht übers Herz. Er empfand trotz der üblen Erfahrungen immer noch Mitgefühl für den alten Herrn. In den Momenten, in denen wir Mitgefühl empfinden, ist unser Herz offen. Es ist offen für Liebe, für Dankbarkeit, für Traurigkeit, für Schmerz und – für Vergebung!

Der Pförtner, der das Tor zum Herzen verschließt, ist der Verstand. Er schließt die Pforte mit seinen Gedanken.

Je mehr Gedanken er denkt, desto sicherer wird das Tor. Das Dilemma ist, dass der Pförtner »Verstand« das Tor nur schließen, nicht aber öffnen kann. Schließlich verfügt der Verstand nur über Gedanken, anderes steht ihm nicht zur Verfügung. Das Tor öffnet sich ganz von allein, sobald der Pförtner Feierabend macht und nach Hause geht. Hätte Reinhard in dem Moment, als er vor seinem Vater kniete, zu viel nachgedacht, sich beispielsweise weiterhin in Gedanken die Geschichte der langjährigen Schuld und Verletzung erzählt, hätte die Vergebung sein Herz nicht erreicht. Sie wäre, um in dem Gleichnis zu bleiben, an ihm abgeprallt. Zu viele Gedanken hätten das Tor zu seinem Herzen versperrt.

Vergebung kann man nicht denken, sie ist ein Gefühl. Deshalb hat es keinen Sinn, sich darum zu bemühen, mit kopflastigen Methoden wie beispielsweise der Technik des »Positiven Denkens« zur Vergebung zu gelangen. Der Verstand will Vergebung erzwingen, er hat den Anspruch, das Hadern, den Ärger, das Schuldgefühl endlich loszulassen. Der Verstand will den Kampf mit dem Teufel gewinnen. Er verfügt jedoch über keinen Schalter, den er einfach nur betätigen müsste, damit Vergebung geschieht. Vergebung ist ein emotionaler Prozess, der zu einem nicht vorhersehbaren Zeitpunkt abgeschlossen sein wird. Diesen Prozess können wir weder abkürzen noch beschleunigen. Aber wir haben die Wahl, ihn zu bejahen oder zu verneinen. Mit einem Ja geben wir unser Einverständnis, dass der Prozess in uns wirken kann, mit einem Nein lehnen wir den Prozess ab und kämpfen gegen ihn an. Im ersten Fall sind wir seine Verbündeten, im zweiten seine Gegner. Die Verbündeten einer kriegerischen Übermacht leben unbeschwerter als die Gegner. Zum Verbündeten werden wir einfach dadurch, indem wir aufhören zu kämpfen.

Die Erlaubnis, zu vergeben, und die Erlaubnis, es nicht zu tun

Christa, die ebenso wie Reinhard an unserer Meditationslehrerausbildung teilnahm, erzählte mir von ihren ambivalenten Gefühlen gegenüber ihrer Mutter. Diese hatte das Kind nicht gewollt und Christa immer wieder vorgehalten, dass sie ohne sie ein anderes, ein besseres Leben hätte führen können. »Wenn es dich nicht gäbe, wäre alles nicht so schlimm ...«, lautete die Botschaft, die Christa im Laufe ihrer Kindheit und darüber hinaus immer wieder von ihrer Mutter vernehmen musste.

Christa empfand eine tiefe Verletzung und zugleich ein großes Schuldgefühl, weil es der Mama ja nur ihretwegen so schlecht ergangen ist. Im Laufe der Zeit hatte sie erkannt, dass zwar ihre tiefe Verletzung, nicht aber das Schuldgefühl berechtigt war. Ihr wurde mehr und mehr bewusst, dass sie Opfer und nicht Täterin war. Doch allein durch die Erkenntnis des Verstandes verschwand ihr Schuldgefühl nicht. Nun suchte sie nach Auswegen aus der Schuld, sie wollte endlich sich selbst vergeben; und sollte das die Voraussetzung für die Selbstvergebung sein, wäre sie sogar bereit, auch ihrer Mutter zu vergeben. Nur: Es gelang ihr nicht.

Als sie mir davon erzählte, sagte ich ihr: »Dann lass es doch einfach. Vergib ihr eben nicht. Forget it!« Sie folgte meinem Rat und kapitulierte. Und genau das führte letztendlich zum Erfolg.

Einige Wochen nach unserem Gespräch berichtete sie von einem Besuch bei der Mutter, die mittlerweile in einem Altenheim lebte. »Es war mein erster Besuch seit Jahren«, sagte sie. »Ich kam in ihr Zimmer, und es war genau wie immer. Sie hat mich noch nie in meinem Leben gelobt, sie hat sich nie für meinen Werdegang interessiert, es war ihr egal, was ich machte, mit wem ich befreundet war und womit ich mein Geld verdiente. Auch diesmal begrüßte sie mich mit einer abschätzigen Bemerkung. Früher habe ich mich über ihre Kritik schwarz geärgert, diesmal jedoch nicht. Ich konnte sie unbefangen anschauen und mit ihr reden, ohne ein Gefühl der Verletzung oder Schuld in mir zu spüren. Die Vergebung war einfach da, ohne Anstrengung, einfach nur so. Ich glaube, die Vergebung konnte zu mir kommen, weil ich aufgehört hatte, nach ihr zu suchen. Als du mir damals sagtest: ›Forget it‹, habe ich mir anschließend gesagt: ›Ich akzeptiere, dass ich nicht vergeben kann. Es ist okay!‹«, sagte Christa.

Mit den Worten »Es ist okay« erteile ich mir eine Erlaubnis. Beispielsweise die Erlaubnis zu vergeben oder aber auch die Erlaubnis, nachtragend zu sein. Es ist ein Unterschied, ob ich nicht vergeben *kann* oder nicht vergeben *will*. So hält mein Vater seiner älteren Schwester nach beinah siebzig Jahren immer noch vor, dass sie ihn in der Kindheit bei den Eltern regelmäßig verpetzt hat. Es vergeht kaum eine Familienfeier, bei der er seine Vorwürfe nicht ausspricht. Aber er trägt nicht schwer daran, dass er die alten Geschichten bis heute nicht loslassen kann. Im Gegenteil, ich habe das Gefühl, dass sie für ihn nicht nur

Teil eines vergangenen Lebensabschnitts, sondern auch Quelle einer gegenwärtigen Lebendigkeit sind. Anders als in der Kindheit fühlt sich mein Vater nicht mehr als Opfer, sondern umgekehrt ist die Schwester nun das Opfer, nämlich das Opfer seiner Vorwürfe.

Ich predige nicht, wie einige spirituelle Lehrer es tun, dass die *absolute* Vergebung *sämtlicher* leidvoller Erfahrungen eine unbedingte Voraussetzung für das persönliche Seelenheil sei. Vergebung ist meines Erachtens kein Anspruch, den man erfüllen müsste, um glücklich zu werden. Meine Botschaft ist wie gesagt vielmehr die Erlaubnis, entweder das eine oder das andere zu tun: Ich erlaube mir zu vergeben, ich erlaube mir, es nicht zu tun. Je nach Situation und Ereignis mal so und mal so.

Die Erteilung der Erlaubnis für das eine beziehungsweise andere ist eine bewusste Entscheidung, die mich vom passiven Opfer meiner emotionalen Verletzungen und Schuldgefühle zum Täter werden lässt. Mit meiner persönlichen Antwort auf die Frage, ob ich vergeben oder nachtragen will, übernehme ich auch einen Teil der Verantwortung für die schmerzvolle Erfahrung. Die Übernahme der Verantwortung gibt mir das Gefühl der Selbstachtung zurück, die ich in der Opferrolle nicht spüren kann.

Die Verantwortung gibt mir jedoch auch die Pflicht, die Konsequenzen meiner Entscheidungen selbst zu tragen. Wenn ich für die Entscheidung verantwortlich bin, bin ich auch verantwortlich für die Folgen. Ich kann immer zwischen (mindestens) zwei Alternativen wählen: Tue ich oder unterlasse ich? Diese Wahl beruht auf meinem freien Willen. Mein freier Wille ermächtigt mich, Entscheidungen zu treffen, gute wie schlechte, richtige wie falsche. Richtige dann, wenn ich bei mir bin, falsche dann, wenn ich abwesend bin, wenn ich also fehle. Dann kann es zu Fehlentscheidungen kommen.

Nichts anderes bedeutet das Wort »Sünde«. »Sünde« ist die deutsche Übersetzung des griechischen Wortes »*harmatía*«, das korrekt übertragen »Verfehlen eines Ziels« heißt. Gelange ich durch meine Entscheidung an ein angenehmes, möglicherweise erhofftes Ziel, bezeichne ich die Entscheidung als richtig oder als glücklich. Gelange ich durch sie jedoch an ein unangenehmes, möglicherweise befürchtetes Ziel, bezeichne ich sie als falsch oder unglücklich. Die Konsequenzen meiner falschen beziehungsweise unglücklichen Entscheidungen machen mir dann schwer zu schaffen. Ich fühle mich schuldig. Erleichterung erfolgt nur durch Vergebung. Diese geschieht in dem Augenblick, in dem ich mit diesen Entscheidungen und deren Folgen Frieden schließen und sie als Teil meines Lebens akzeptieren kann.

Während meines ersten Aufenthaltes in Jerusalem empfing ich eine SMS von einem Menschen, der mir vor einigen Jahren in übler Weise auf den Schlips getreten war. Zuvor waren wir befreundet, doch dann begann er, mich mit ausschweifenden Mails zu bombardieren, deren Inhalt ich als anmaßend und teilweise beleidigend empfand. Einige Wochen lang antwortete ich auf jede Mail, mal freundlich, mal bestimmt, aber immer rechtfertigend. Eines Tages hatte ich von seinen Anschuldigungen genug und brach den Kontakt ab. Dies akzeptierte er und ließ mich fortan in Ruhe.

Nun, Jahre später im Land des Meisters der Liebe, las ich seine freundliche SMS. Er hatte gehört, dass ich in Israel war, und wünschte mir eine gute Reise. Weiterhin schrieb er, dass er die alten Geschichten überwunden habe und auch mir verzeihen könnte. Denn schließlich beruhten seine Anschuldigen damals auf Verletzungen, die er durch mein Verhalten empfunden hatte. Nun würde er sich freuen, wenn auch ich den Schritt der Vergebung vollziehen könnte und auf seine Nachricht antwortete.

Vergeben hatte ich die Sache längst, ich hatte damals einige Tage, vielleicht auch Wochen, stark mit ihm gehadert, hatte mich sehr über das Verhalten des anderen geärgert, aber dann war's auch irgendwann gut. Ich war mit mir im Reinen und trug auch dem anderen nichts mehr nach. Dennoch antwortete ich auf die SMS nicht. Denn irgendwie hatte ich das Gefühl, wenn ich mich jetzt wieder melde, geht die ganze Sache von vorne los. Die Vergebung war vollzogen, dennoch war meine Konsequenz aus der Sichtweise des anderen unerbittlich. Hätte ich das Bedürfnis gehabt, diesen Menschen wiederzusehen, hätte ich durchaus geantwortet. Es gibt keine allgemeingültigen Handlungsempfehlungen für »richtige« Reaktionen, die Botschaft in solchen Fällen lautet: Hör auf dein Bauchgefühl!

Wir haben, wie es eine gute Freundin einmal formulierte, »das Recht, einem anderen Menschen nötigenfalls den Tag zu versauen«. Das ist manchmal unvermeidbar. Ein Ja zu sich selbst ist bisweilen zugleich ein Nein gegenüber einem anderen. Die Bereitschaft zur Vergebung darf nicht mit Konfliktscheue verwechselt werden. Um das christliche Gebot der Feindesliebe erfüllen zu können, muss man erst mal Feinde haben. Wir sollten es zwar nicht darauf anlegen, uns welche zu machen – etwa nach dem Landsknechtsmotto »Viel Feind', viel Ehr'« –, aber wir dürfen uns auch nicht davor scheuen, uns nötigenfalls jemanden zum Widersacher zu machen. Die Bereitschaft zur Vergebung taugt nicht als Vermeidungsstrategie von Konflikten. Wir dürfen uns nicht nur wehren, manchmal müssen wir das sogar. Eine Überlebende des Holocaust sagte einmal, sie sei nicht von Friedensdemonstranten mit Plakaten in den Händen und Blümchen in den Haaren aus dem Konzentrationslager befreit worden, sondern von Soldaten mit Maschinengewehren.

Es fällt schwer, mit Menschen Frieden zu schließen, die keinen Frieden wollen. Wer sich in der Rolle des Kämpfers und Kriegers gefällt, hat in Friedenszeiten ein Identitätsproblem. Erst wenn seine Leidenschaft, Krieger zu sein, gebrochen ist, sind Friedensverhandlungen möglich. Bis dahin müssen die Friedfertigen notgedrungen beide Wangen hinhalten.

Ein gläubiger Christ äußerte in einem Interview, dass er mit fast allen Worten Jesu konform ginge, lediglich die Aufforderung »Wenn dir jemand auf die linke Wange schlägt, halte ihm auch noch deine rechte hin« (Mt 5, 39) aus der Bergpredigt habe er nie nachvollziehen können. Ich verstehe diese Worte hingegen keineswegs als einen Aufruf zur Unterwerfung, sondern als Appell, nicht zu flüchten, falls eine Situation mal schwierig werden sollte. Also im Sinne von: »Wenn dir jemand auf die linke Wange schlägt, flüchte nicht, sondern halte ihm notfalls auch noch die rechte hin.« Ob Jesus es damals wirklich so gemeint hat, wie ich es interpretiere, weiß ich natürlich nicht. Fest steht jedoch, dass er selbst die Auseinandersetzung nicht scheute. Einige Händler in Jerusalem konnten ein Lied davon singen, nachdem sie vom Meister der Liebe aus dem Tempel geprügelt worden waren. Er sagte auch: »Ich bin nicht gekommen, um Frieden zu bringen, sondern das Schwert.« Seine Jünger waren offenbar bewaffnet und bereit, die Waffen auch einzusetzen, etwa im Garten Gethsemane bei der Verhaftung Jesu.

Dass auch deren Nachfolger nicht vor körperlichen Auseinandersetzungen zurückschrecken, kann man manchmal in der Jerusalemer Grabeskirche beobachten. Am heiligsten Platz des Christentums kommt es ab und an zu Prügeleien zwischen den griechisch-orthodoxen Priestern und den Franziskanermönchen, die sich in regelmäßigen Abständen um Kompetenzen und Zuständigkeiten streiten. Beide Fraktionen dulden am Ort der Auferstehung ihres Meisters keine Schludrigkeiten. Das Bodenpersonal in der Grabeskirche pflegt nicht nur untereinander einen bisweilen als unwirsch zu bezeichnenden Umgangston, auch gegenüber den Touristen wird schon mal handfest zugepackt. Dies scheint ab und an auch nötig zu sein, denn an diesem heiligen Ort ist tagsüber sprichwörtlich die Hölle los. Sechzig bis hundert vollbesetzte Reisebusse laden ihre Fracht täglich in der

Jerusalemer Altstadt ab. Drei oder vier Stunden später sammeln sie sie für die Rückfahrt nach Haifa, wo das Kreuzfahrtschiff im Hafen wartet, wieder ein. In der Zwischenzeit stürmen die modernen Kreuzfahrer die sakralen Stätten. Im Gegensatz zu ihren Vorgängern aus dem Mittelalter sind diese jedoch nicht mit Speeren und Schwertern, sondern nur mit Digitalkameras bewaffnet. Glücklicherweise, ansonsten müsste man wohl das Schlimmste befürchten. Das Sozialverhalten von Gruppenreisenden unterscheidet sich nämlich von dem mittelalterlicher Kreuzzügler nur »unwesentlich«. Als ich beispielsweise tags zuvor im Garten Gethsemane vor dem Stein meditierte, an dem Jesus einst vor Todesangst Blut und Wasser geschwitzt haben soll, bahnte sich eine Reisegruppe älterer Herrschaften lautstark den Weg, voran die Reiseführerin mit Megafon, unmittelbar hinter ihr eine Frau mit Kopftuch und Gehstock. Diese wollte den Anblick des heiligen Steins offenbar ohne meine Anwesenheit genießen, was sie dadurch deutlich machte, dass sie mehrfach mit dem Stock auf meine Knie schlug, um mich wie eine lästige Taube wegzuscheuchen. Die Humorlosigkeit der alten Dame erinnerte mich an einen Ausspruch von Schwester Lazarus in dem Musical »Sister Act«: »Mein Leben ist wie ein Kreuzweg. Nur ohne den lustigen Teil.«

Während meines Aufenthaltes in der Grabeskirche hatte ich mich für zwei Stunden auf eine Bank gesetzt und die Atmosphäre auf mich wirken lassen. Das bunte Treiben dort störte mich nicht. Wer sagt denn, dass Spiritualität nur im stillen Kämmerlein ausgelebt werden sollte? Im Gegenteil: Wahrhaft spirituelle Menschen sind höchst lebendig! Ich persönlich glaube sogar, dass Jesus selbst einen Heidenspaß an dem Trubel rund um seine ehemalige Ruhestätte hätte. Ein besseres Zeichen für die Auferstehung in das Leben kann es meines Erachtens gar nicht geben. Vielleicht würde ich ja Zeuge einer zünftigen Prügelei, dachte ich. In dieser Hinsicht blieb jedoch alles ruhig.

Stattdessen klingelte in der Sakristei der Franziskanermönche, die sich neben meiner Bank befand, ständig ein Telefon. »Wer zum Teufel ruft hier an?«, fragte ich mich. Ich stellte mir die Szenerie am anderen Ende der Leitung vor: »Schatz, gib mir doch mal eben die Nummer von der Jerusalemer Grabeskirche …« Wer das auch mal probieren möchte – hier ist sie: 00972 2… okay, lassen wir das lieber … ich will mir keine Feinde machen!

DER BAUM DER ERKENNTNIS – EINE MEDITATION[1]

Der Kreislauf von Schuld und Vergebung begann am Tag der Vertreibung aus dem Paradies.

Stell dir vor, du hast ein paar freie Tage genutzt, um allein wegzufahren und ein wenig auszuspannen. Irgendein guter Freund oder eine gute Freundin hat dir ein Haus zur Verfügung gestellt. Es ist ein schönes Haus mit einer großen Terrasse vor der Eingangstür. Auf der Terrasse befindet sich eine Bank, auf der du gemütlich sitzen und deinen Gedanken nachgehen kannst. Und wenn du dort sitzt, fällt dein Blick direkt auf einen großen, prächtigen Baum, der vor dem Haus auf der anderen Seite des Weges steht.
Und jetzt sitzt du auf der Bank und betrachtest deinen Baum.
Mach dir bewusst, dass er für die nächsten Minuten dein Lehrer sein wird.

Hör zu, was er dir ohne Worte, nur durch seine Kraft, seine Gefühle und seine Gedanken zu sagen hat:

»Meine liebe Freundin, mein lieber Freund. Ich bin dein Baum der Erkenntnis.
Zu Anbeginn allen Seins befandest du dich in großer Geborgenheit göttlicher Liebe.
Du hattest keine Sorgen, keine Probleme, auch hattest du keinen Körper, der dich einschränkte. Du warst nichts anderes als dein Gefühl, ein Gefühl der Geborgenheit, Freude und Liebe.

Eines Tages, nach langer Zeit, blitzte in dir ein Gedanke auf, eine Frage, kurz nur, aber so heftig, dass sie dich nicht mehr losließ:
›Was ist das, was mich fühlen lässt?
Was ist das, was mich denken lässt?
Was ist das, was mich leben lässt?
Wer bin ich?‹
Als du damals, vor langer, langer Zeit, diese Frage stelltest, hast du mich, den Baum der Erkenntnis, zum ersten Mal bemerkt. Ich war zwar die ganze Zeit vor deinen Augen, aber gesehen hast du mich erst in dem Moment, als in dir der Ge-

danke aufblitzte. An diesem Tag wurde ich dein Lehrer. Denn wer bittet, dem wird gegeben, und wer anklopft, dem wird aufgetan. Ich lud dich ein, von mir zu kosten.
Als du mich fragtest, wer du bist, sagte ich dir, dass du alles bist
und dass du Teil des Göttlichen bist.

Gott erschafft nach seinem Willen, und deshalb gab ich dir – in diesem Augenblick – den freien Willen.
Ab jetzt musstest du selbst entscheiden.
Dein freier Wille ermöglichte dir nun die Macht der Entscheidung.
Doch gleichzeitig musstest du lernen, mit dieser Macht gut umzugehen,
denn mit der Macht der Entscheidung hattest du auch die Verantwortung für die Folgen.

Und da der einzige Weg, Verantwortung zu lernen, der ist, die Folgen seiner Entscheidungen selbst zu spüren, musstest du hinunter in die Welt von Zeit und Raum,
in die Welt von Geburt und Tod, die Welt von Ursache und Wirkung.

In diesem Moment begann für dich der Kreislauf der Verkörperungen.
Bis jetzt warst du geborgen, es war für dich gesorgt, du brauchtest dich um nichts zu kümmern. Du warst im Paradies.
Doch nun, mit der Gabe des freien Willens, erfolgte die Vertreibung. Und seitdem fühlst du dich so oft getrennt, spürst so oft eine große Sehnsucht nach der allumfassenden Liebe und Geborgenheit, die dich früher umgab.

Seit der Vertreibung aus dem Paradies erfährst du am eigenen Leib die Bedeutung des Satzes ›Dein Wille geschehe, wie im Himmel, so auf Erden.‹
Der Himmel ist dein Bewusstsein, deine Seele, dein göttlicher Funke.
Und hier, in deinem Bewusstsein, triffst du deine Entscheidungen. Die Wirkung deiner Entscheidungen erfährst du dann in den Situationen deines Lebens auf der Erde.

Eines Tages, wenn du deine wahre Größe und deine wahre Macht erkannt hast,

*wenn du begriffen hast, wer du wirklich bist,
wirst du als verlorene Tochter
und verlorener Sohn in das Paradies zurückkehren.*

*Doch dann bist du nicht mehr nur ein Gefühl der Geborgenheit und Liebe,
dann bist du mehr, denn dann bist du dir deiner Göttlichkeit bewusst.
Und in diesem Moment wirst du erkennen, dass du das Paradies in Wahrheit nie verlassen hast.
Dies ist die Botschaft, die ich, dein Baum der Erkenntnis, dir heute zu sagen hatte.«*

*Immer noch sitzt du auf der Bank vor dem Haus und schaust auf den Baum.
Und nun mach dir klar, dass dieser Baum vor deinem inneren Auge dir irgendwann in deinem äußeren Leben begegnen wird. Und dann erinnere dich:
Es ist dein Baum der Erkenntnis, wie im Himmel, so auf Erden.*[2]

Es gibt kein Entkommen vor uns selbst

Durch Fehlentscheidungen werden wir zu Sündern, und durch die Sünden werden wir zu Schuldigen. Wenn der freie Wille ein Prädikat für Göttlichkeit und zugleich Voraussetzung für Sünde ist, dann können nur Götter sündigen. Und nur Götter können vergeben.

Der sündige Gott vergibt sich selbst. Niemand anders kann das für ihn erledigen. Letztendlich ist jede Form der Vergebung immer zugleich auch Selbstvergebung. Unabhängig davon, ob wir uns in einer Angelegenheit als Opfer oder Täter fühlen, sind wir selbst die Adressaten der Vergebung. Unsere eigene Vergebung gegenüber einem anderen, der uns geschadet hat, wäre nicht wahrhaftig, wenn wir dennoch innerlich weiter mit ihm hadern. Und die Vergebung, die wir durch einen anderen, dem wir geschadet haben, erfahren, nutzt uns nichts, solange wir mit uns selbst noch innerlich hadern.

»Es gibt nichts, was man nicht mit einem Kasten Bier wiedergutmachen könnte«, sagte mir einst ein guter Freund aus alten Tagen. Allerdings sind manche Kästen, die man als Wiedergutmachung spenden müsste, äußerst schwer, und oft ist der Weg zum Adressaten weit. Der

Adressat, der scheinbar am weitesten entfernt ist, ist man selbst. Man muss also – um im Bild zu bleiben – den Kasten sehr weit schleppen, einen Lieferservice für Vergebung gibt es nicht. Verzeihen ist folglich eine anstrengende Angelegenheit. Es ist leichter, Ärger festzuhalten, als ihn loszulassen, insbesondere dann, wenn man sich über sich selbst ärgert. Dabei besteht der erste Schritt darin, den Ärger zuzugeben. Ich muss mir selbst gegenüber eingestehen, dass es etwas zu klären gibt, bevor ich es mit einem anderen klären kann.

Viele Menschen unterdrücken ihren Ärger jedoch »um des lieben Friedens willen«. Sie legen ihr Unbehagen im Unterbewusstsein und auch in den Zellen ihres Körpers ab. Manche sind unzufrieden mit der aktuellen Situation in ihrer Familie, ihrer Ehe, ihrem Beruf und so weiter und reden sich dennoch ein, dass alles wunderbar sei. *Harmony forever!* Dabei ist Harmonie nichts anderes als oberflächlicher Friede.

Wer tiefen Frieden spüren will, muss manchmal Harmonie zerstören. Nicht alle werden fröhlich sein, wenn ich mal mit der Faust auf den Tisch haue und endlich sage, was für mich Sache ist. Doch wahrer Frieden ist immer mit der eigenen Wahrhaftigkeit verbunden. Solange ich mich selbst belüge, kann ich nicht wirklich zufrieden sein.

Es ist bequemer, mit dem Strom des Flusses zu schwimmen, als gegen ihn anzukämpfen. Doch wenn der Fluss in eine Richtung fließt, die uns nicht gefällt, müssen wir umdrehen und gegen den Strom schwimmen. Dabei dürfen wir nicht den Anspruch haben, dass alle unsere neue Ausrichtung gutheißen. In dem Moment der Umkehr werden wir automatisch zum Außenseiter, zumindest bis zu dem Augenblick, in dem wir auf Menschen treffen, die in derselben Richtung wie wir unterwegs sind. Bis dahin sind wir auf uns allein gestellt und müssen womöglich Herausforderungen bewältigen, die bislang andere für uns erledigt haben, zum Beispiel selber kochen, lästigen Papierkram erledigen, ein eigenes Bankkonto eröffnen, eine neue Wohnung suchen und so weiter. Die neuen Aufgaben zeigen uns manchmal auch, in welchem Maße wir vormals von anderen abhängig waren beziehungsweise wie sehr wir uns von anderen abhängig gemacht haben. Gleichzeitig geben sie uns die Chance, bislang verborgene eigene Fähigkeiten und Talente neu zu entdecken.

Um uns selbst treu zu bleiben, müssen wir uns von Abhängigkeiten lösen. Dieser Schritt der Loslösung betrifft dann nicht nur uns, sondern auch diejenigen, von denen wir abhängig waren. Sofern diese nicht auch uns loslassen können oder wollen, wird es unharmonisch.

Diesen Unfrieden müssen wir dann in Kauf nehmen. Fatal wäre es, sich »um des lieben Friedens willen« zurück in die Abhängigkeit zu begeben.

Manchmal spüren wir, dass einige der ehemaligen Mitschwimmer geradezu auf unser Scheitern warten. »Du wirst schon sehen, was du davon hast ...«, denken sie möglicherweise. Sobald wir erkennen, dass ein anderer Mensch sich nicht mit uns und für uns freuen kann, wird es Zeit, sich von ihm zu trennen. Der temporäre Abschiedsschmerz ist der Preis für die Treue zu uns selbst. Vermutlich meinte Jesus das, als er sagte: »Ich bin gekommen, um den Sohn mit seinem Vater zu entzweien und die Tochter mit ihrer Mutter und die Schwiegertochter mit ihrer Schwiegermutter; und die Hausgenossen eines Menschen werden seine Feinde sein« (Mt 10, 35–36).

Wir können vor allen Menschen flüchten, zumindest früher oder später, aber nicht vor uns selbst. Wir müssen uns mit unseren Themen auseinandersetzen. Vor der Vergebung steht zunächst die Erkenntnis, dass es etwas zu vergeben gibt. Selbstreflexion und Selbstannahme sind dafür erforderlich. Wir dürfen nicht weglaufen, sondern müssen uns den Themen stellen, die uns belasten. Die Bereitschaft zur Vergebung muss total sein, »ein bisschen« genügt nicht. Diese Totalität erfordert die komplette Übernahme der Verantwortung. Solange wir noch jemand anderen, wenn auch nur zum Teil, verantwortlich für unsere Gefühle machen, können wir auch nur zum Teil vergeben. Wir müssen ganz und gar zu unseren Gefühlen stehen.

Vor dem abendlichen Gang in die Kirche, in der sie dann auf ihren Schuldgefühlen tanzten, hatten sich die Teilnehmer des Reiki-Seminars bewusst gemacht: »Ich bin hier, weil es letztlich kein Entkommen vor mir selbst gibt. Und solange ich es nicht ertrage, mein innerstes Geheimnis vor mir selbst zu offenbaren, kann ich nicht davon befreit werden.«

Wir müssen sagen: »Ich gebe zu.«

Mut zu Fehlern, Großmut zur Vergebung

Ich gebe zu – und zwar auch und gerade mir selbst gegenüber. Ich kann mir nichts vormachen, sondern muss wahrhaftig und ehrlich zu mir sein. Da es kein Entkommen vor mir selbst gibt, wird jede Lüge früher oder später aufgedeckt.

Ab und an stelle ich Teelichter auf den Boden des Seminarraums, für jeden Teilnehmer mindestens eins. Jede kleine Kerze steht symbolisch für eine Tat in der Vergangenheit, von der sie heute sagen können: »Das würde ich jetzt anders machen.« Das kann eine verletzende oder unachtsame Handlung, ein Unterlassen oder auch ein zu scharf ausgesprochenes Wort gegenüber einem anderen sein. Die Teilnehmer schließen die Augen für eine kurze Meditation in der Stille und fragen sich: »Für welche Tat, für welches Wort in meiner Vergangenheit steht eine dieser Kerzen für mich in der Mitte?« Sobald sie es wissen, sollen sie eins der Teelichter an ihren Meditationsplatz holen und anzünden.

In der anschließenden Meditation machen sich die Teilnehmer bewusst: *Alle Erfahrungen in meinem Leben haben mich zu dem Menschen gemacht, der ich heute bin. Hätte ich auch nur einen Gedanken anders gedacht, hätte ich nur ein Gefühl anders gefühlt, und hätte ich nur ein Wort anders gesprochen, säße ich heute so nicht in diesem Raum. Und wenn ich jetzt in diesem Moment sagen kann: ›So, wie ich jetzt bin, so, wie ich jetzt denke und fühle, so ist es in Ordnung‹, kann ich mir die Absolution erteilen für all meine Gedanken, Gefühle, Handlungen und Worte in der*

Vergangenheit. Und wer in sich den Entschluss gefasst hat, sich selbst zu verzeihen, öffnet die Augen und pustet zum Zeichen der Vergebung die Kerze vor sich aus.

Vor einigen Jahren hat sich mal ein »Heiliger« in mein Seminar verirrt, der behauptete, nicht eine Erfahrung in seinem Leben gemacht zu haben, für die eine dieser Heilungskerzen Symbol sein könnte. Ich sagte ihm: »Weißt du, wenn ich eine Woche lebe, habe ich wieder mindestens drei Kerzen vor mir stehen.«

Wir können nicht alle Verfehlungen von vornherein ausschließen, präventive Vergebung gibt es nicht. Ob eine Handlung oder eine Entscheidung ein Fehler war, erkennen wir in den meisten Fällen erst in der Rückschau. Es kann gut ausgehen, es kann schlecht ausgehen, man weiß es im Voraus nicht. Vermeidungsstrategen vermeiden vor allem die Lebensfreude. Wer glücklich sein will, muss Risiken eingehen. Wenn man ausgelassen auf dem Tisch tanzt, kann es auch mal passieren, dass ein paar Gläser kaputtgehen. Wir sollten mutig genug bleiben, Fehler zu machen, und großmütig genug sein, uns zu vergeben.

Wenn es eine Prophylaxe gegen Schuldgefühle gäbe, bestünde sie darin, ein für alle Mal den Glauben abzulegen, irgendeinem anderen Menschen oder einer Institution Rechenschaft schuldig zu sein. Wir können uns zwar zugehörig fühlen, aber wir gehören niemandem außer uns selbst. Wir sind niemandes Besitz, ebenso, wie wir selbst niemand anderen besitzen können. Wir gehören weder unseren Eltern noch unserem Lebenspartner, wir gehören nicht dem Staat und auch nicht der Kirche. Uns selbst gegenüber brauchen wir uns nicht zu rechtfertigen, solange wir wahrhaftig bleiben. Und nur ein wahrhaftiger Mensch ist in der Lage, sich selbst und anderen zu vergeben.

Denn wenn wir Vergebung für uns selbst in Anspruch nehmen, sollten wir auch den Großmut besitzen, anderen zu vergeben. Beides, die Selbstvergebung wie die Vergebung für andere, sind nicht voneinander zu trennen. Sobald wir uns selbst vergeben, vergeben wir zugleich auch denjenigen, die gemeinsam mit uns an dem betreffenden Ereignis der Verletzung beteiligt waren.

Vergebung ist ein Gefühl der Befreiung. Diese Freiheit schließt alle Beteiligten mit ein. Wir können nicht uns selbst befreien und die anderen weiterhin in unserem Ärger gefangen halten. Oftmals blockiert der Wunsch, einen bestimmten Menschen nicht freizulassen, den gesamten Prozess der (Selbst)vergebung. Denn häufig empfinden wir unseren Ärger auch als eine Form der Sanktion, die wir dem anderen zuteilwerden lassen. Nach dem Motto: »Weil du so gehandelt hast, habe ich dich nicht

mehr lieb. Mein Liebesentzug ist deine gerechte Strafe.«
Diese mehr oder weniger bewusste Haltung ist Grundlage für den Glaubenssatz »Wenn ich dem Schuldigen vergebe, entgeht er seiner gerechten Strafe.« Und diejenigen, die in den Kategorien von Sieg und Niederlage denken, glauben: »Wenn ich meinen Ärger loslasse, hat der andere gewonnen.« Von solchen Glaubenssätzen sollten wir uns lösen. Denn schließlich sind es ja nur wir selbst, die den Ärger spüren können: Den einzigen Menschen, den wir durch unseren Ärger bestrafen, sind wir selbst. Umgekehrt sind wir die großen Gewinner, wenn es uns gelingt, den Ärger gegenüber dem anderen loszulassen.

Heilung durch Vergebung oder »Hätte aber die Liebe nicht«

Schuldgefühle beeinflussen nicht nur unsere körperliche und seelische Gesundheit, sondern auch unsere Zukunft im Allgemeinen. In einigen Fällen sind wir uns dieser Tatsache bewusst, weil wir spüren, dass ein bestimmtes oder auch diffuses Schuldgefühl unser Verhalten bestimmt: wir uns beispielsweise in manchen Situationen nicht trauen, frei und spontan zu agieren. Manche Schuldgefühle aber haben Auswirkungen auf unser Leben, ohne dass wir es merken.

In einem unserer Seminare saß eine ältere Dame. Sie war humorvoll und lebenslustig, sie tanzte und lachte gern. »Ich hatte bislang ein tolles Leben«, sagte sie. »Das Einzige, was ich sehr bedaure, ist der Umstand, dass ich niemals einen Partner an meiner Seite hatte.« Es war keine bewusste Entscheidung von ihr gewesen, ihr Leben als Single zu verbringen, es hatte sich eben nie anders ergeben. Auch lag es nicht daran, dass sie zurückgezogen gelebt hätte; eher war das Gegenteil der Fall. Sie blickte auf ein erfülltes Berufsleben zurück, hatte in leitender Stellung in einem öffentlichen Institut gearbeitet. Die Liebe jedoch war zu kurz gekommen.

Während einer Meditation begann sie im Seminar plötzlich stark zu weinen, sie zitterte am ganzen Körper. Nach einigen Minuten beruhigte sie sich und öffnete die Augen. »Ich weiß es«, sagte sie nur. »Jetzt endlich weiß ich es.«

Dann erzählte sie, dass sie sich bislang nicht an die ersten Jahre ihrer Kindheit hatte erinnern können. Das früheste innere Bild, das ihr präsent gewesen sei, war der

Tag ihrer Einschulung. Nun, in der Meditation, erinnerte sie sich an ein Erlebnis, das sie im Alter von vier Jahren hatte. Es war die erste Begegnung mit ihrem Vater, der, als ihre Mutter mit ihr schwanger war, als Soldat in den Krieg eingezogen worden war. Nun kam er aus der Kriegsgefangenschaft zurück, und die Mutter hatte ihr in den Tagen zuvor immer wieder gesagt: »Papa kommt bald nach Hause!« Und das kleine Mädchen hatte sich gefreut wie Bolle: »Mein Papa kommt nach Hause, mein Papa kommt nach Hause!« Und dann war der Papa nach Hause gekommen und hatte in abgerissenen Klamotten in der Wohnküche gestanden. Und das kleine Mädchen war auf ihn zugelaufen, »Papa, Papa!« rufend. Und der Vater hatte die Arme ausgebreitet, in die die Tochter lief: »Mein Mädchen«, hatte er gesagt, »mein Mädchen!« Und dann hatte er die Kleine hochgehoben, sie geküsst und fest umarmt und schließlich wieder auf den Boden gestellt und gesagt: »Papa ist ein wenig müde und muss sich ausruhen, gleich komme ich wieder zu dir.« Dann war er ins Schlafzimmer gegangen, hatte sich ins Bett gelegt, war eingeschlafen und – nie mehr aufgewacht.

Und das kleine Mädchen in ihr hatte zeit seines bisherigen Lebens geglaubt: »Immer dann, wenn mich ein Mensch liebevoll in seine Arme nimmt, und immer dann, wenn ich einen Menschen küsse und dieser Mensch mich küsst, immer dann muss dieser Mensch sterben.« Dieser Glaubenssatz hatte sich als Schuldgefühl tief in ihr Bewusstsein eingegraben. Dieses Schuldgefühl hätte die Frau niemals durch »Positives Denken« oder Autosuggestion überwinden können, da die Erinnerung an das Ereignis für den Verstand unerreichbar geblieben war. Erst während der Meditation, in einem Moment der Begegnung mit sich selbst, wurde die Vergangenheit unverhofft und unerwartet gegenwärtig.

Immer wieder stelle ich in den Seminaren fest, dass Menschen keine Erinnerung an frühe Jahre ihrer Kindheit haben. Schlimme Erfahrungen werden manchmal in den Keller des Bewusstseins abgelegt, die Kellertür wird anschließend verriegelt und verrammelt und der Schlüssel weggeworfen. Und manchmal kann es passieren, dass ein Mensch auf der Suche nach sich selbst den Schlüssel wiederfindet, so wie es in dem obigen Beispiel geschehen ist. Die Frau öffnete die Kellertür und befreite die Bilder der Erinnerung, mit ihnen kamen der Schmerz und die Trauer und somit: Heilung. In der Meditation wurde ihr der Zusammenhang ihres Singledaseins und dem Ereignis ihrer Kindheit bewusst. Sie erkannte, dass sie nicht schuldig an dem plötzlichen Tod ihres Vaters ist und in diesem Sinne auch keine Schuld an ihrer Partnerlosigkeit trägt. Die gegenwärtigen Tränen der erwachsenen Frau heilten das Schuldgefühl des kleinen Mädchens aus der Vergangenheit. Ihre Meditation wurde für sie unerwartet und unverhofft zu einem Akt der Selbstvergebung.

Vergebung führt zwar nicht zum ultimativen Glück, aber sie bewirkt Heilung. Ein heiler Mensch ist ein ganzer Mensch, der – wie gesagt – seinen Weg mit Gott geht und unterwegs mit diversen Teufeln kämpft. Diese Teufel sind auch unsere Zweifel, Ängste und Unzulänglichkeiten. Sie gilt es nicht auszumerzen, sondern anzunehmen. Zur Ganzheit gelangen wir nicht, indem wir einen Teil von uns abzuspalten versuchen, sondern indem wir diesen als zu uns gehörig akzeptieren. Schließlich kann ich nur das vergeben, was ich auch habe. Wie sollte ich etwas vergeben können, dessen Existenz ich leugne?

Durch Vergebung werde ich ein ganzer Mensch, jedoch noch lange kein besserer. In der – nennen wir sie mal so – »spirituellen Szene« sind derzeit viele unterwegs, die nach Erkenntnis suchen. Sie wollen Erklärungen finden auf Fragen wie »Gibt es ein Leben nach dem Tod?«, »Gibt es Reinkarnation?«, »Gibt es Engel?« und so weiter. Andere wiederum versuchen, mittels spiritueller Techniken ihre weltlichen Probleme zu lösen respektive »bessere« Menschen zu werden. Doch eignet sich die Spiritualität weder für das eine noch für das andere, sie führt letztendlich immer nur zur eigenen Wahrhaftigkeit.

In Wahrheit sehnen wir uns alle nach der Liebe, ob es uns bewusst ist oder nicht, so wie die ältere Dame, die unter ihrer Partnerlosigkeit litt. Das Bedauern darüber, ihr bisheriges Leben als Single verbracht zu haben, war Ausdruck dieser Sehnsucht.

Kein anderer formulierte es treffender als der Apostel Paulus, der vor zweitausend Jahren in leitender Position einer »New-Age-Bewegung« tätig war. In seinem ersten Brief an die Korinther schrieb er: »Und wüsste ich alle Geheimnisse, hätte alle Erkenntnis, hätte aber die Liebe nicht. Und wäre mein Glaube so fest, dass ich Berge versetzen könnte, hätte aber die Liebe nicht. Und gäbe ich all meine Habe den Armen, ließe meinen Leib verbrennen, hätte aber die Liebe nicht.« Was nutzen mir alle Erkenntnisse über göttliche und weltliche Zusammenhänge, wenn ich den Kontakt zu mir selbst verloren habe? Was nutzen mir Techniken wie »Positives Denken« und Wunscherfüllungspraktiken wie Bestellungen beim Universum, wenn ich die Freude am Leben verloren habe? Und was nutzen mir Praktiken der Achtsamkeit beispielsweise im Bereich der Gesundheit und Ernährung, wenn ich die Liebe zu den Menschen verloren habe? Hätte aber die Liebe nicht …!

Liebe und Schuld

Ohne Liebe gibt es keine Vergebung. Eine »lieblose« Vergebung wäre oberflächlich und unwahrhaftig. In der Vergebung wirkt die Liebe auf heilsame Weise. Jedoch sind auch manche Verletzungen durchdrungen von Liebe. Wir verhalten uns gegenüber denjenigen, die wir lieben, manchmal auf eine Weise, die wir anderen Menschen, die uns nicht so nahestehen, niemals zumuten würden. »Warum verletzt man immer die am meisten, die man liebt?«, fragt Heinz Rudolf Kunze in seinem Lied »Ich hab's versucht«. Schon oft hörte ich von Teilnehmern meiner Seminare, dass sie sich gegenüber ihrem Ehe- oder Lebenspartner regelmäßig gereizt oder sogar ungerecht verhielten. Zu Außenstehenden seien sie hingegen immer freundlich, sagten sie. Ursache für dieses Phänomen könnte durchaus die Liebe sein. Emotionale Verletzungen sind »innere Berührungen«. Je näher wir einen Menschen an uns heranlassen, desto stärker kann er uns berühren, auf angenehme wie auf unangenehme Weise. Durch die Nähe fühlen wir uns oftmals ungeschützt. Es gibt keine Mauer, hinter der wir unsere Gefühle verstecken könnten. Wir stehen emotional nackt und bloß vor dem Menschen, den wir lieben und der uns liebt. Niemand kennt uns besser! Das »gereizte« Verhalten, das wir nur unseren Liebsten gegenüber zeigen, sind möglicherweise Reaktionen, mit denen wir uns vor zu viel Nähe und Berührung schützen wollen.

Menschen vergessen, was du gesagt hast, Menschen vergessen, was du getan hast, aber sie vergessen nie, welche Gefühle du in ihnen ausgelöst hast. Und wenn jemand in uns das Gefühl der Liebe entfachen kann, so kann er auch emotionalen Schmerz in uns auslösen. Es gibt keine Liebe ohne Schmerz. »Denn so, wie die Liebe euch krönt, so kreuzigt sie euch. Und wie sie euch wachsen lässt, so schneidet sie euch zurück«, heißt es bei Khalil Gibrans »Über die Liebe«.[3]

Liebe kann auch Anlass für Schuldgefühle sein. Manche fühlen sich schuldig, weil sie gemäß moralischen Kriterien den falschen Menschen lieben. Und manche fühlen sich schuldig, weil sie diejenigen nicht (mehr) lieben, die sie moralischen Kriterien zufolge eigentlich lieben müssten. »Du sollst Vater und Mutter ehren«, heißt es beispielsweise in den Zehn Geboten. Ich habe viele Menschen kennengelernt, die ein sehr gespaltenes Verhältnis zu ihren Eltern hatten. Sie wünschten sich, Vater und Mutter zu lieben, und konnten es nicht. Umgekehrt gibt es Fälle, in denen Eltern eines ihrer Kinder nicht oder nicht mehr so lieben, wie sie es von sich selbst erwartet hatten. Dies einzugestehen ist ein großer Schritt. Dies zu akzeptieren ein noch viel größerer. Dennoch ist diese Akzeptanz die einzige Möglichkeit der Selbstvergebung. Wir können uns nicht zwingen, einen Menschen zu lieben, auch wenn wir es uns noch so sehr wünschen. Und wir können uns nicht zwingen, einen anderen Menschen *nicht* mehr zu lieben, auch wenn wir es uns noch so sehr wünschen.

Papst Franziskus sagte einmal in einer Predigt zum Thema Ehe: »Es ist der Kurs der Liebe, man liebt sich, wie Gott liebt: für immer.« Was aber ist, wenn man diese Liebe in sich nicht mehr spürt? Was ist, wenn man sich auf einmal in einen anderen Menschen als den, den man geheiratet hat, verliebt? Was ist, wenn ein Priester sich in seine Haushälterin verliebt? Liebe kann weder verordnet noch verboten werden, das schafft nicht einmal die katholische Kirche.

Zur Ehrenrettung des Papstes sei erwähnt, dass er im Juni 2015 im Rahmen einer Generalaudienz auf dem Petersplatz über Fälle sprach, in denen die Trennung der Ehepartner unvermeidbar sei. »Manchmal ist sie sogar moralisch notwendig«, sagte er. Dies gelte etwa in Fällen von häuslicher Gewalt, wenn der schwächere Partner unterdrückt werde oder um »kleine Kinder vor schweren Verletzungen durch Einschüchterung und Gewalt, Demütigung und Ausbeutung oder auch Gleichgültigkeit« zu schützen.

Manche empfinden auch Schuldgefühle, weil ihre Liebe zu einem anderen Menschen gegen gesellschaftliche Normen verstößt. In den Augen vieler ist es »doch nicht normal, dass ein Mann einen Mann, eine Frau eine Frau liebt. Es ist doch nicht normal, dass eine ältere Frau einen zwanzig Jahre jüngeren Mann liebt. Es ist doch nicht normal, dass man als Jude einen Muslim, als Katholik einen Atheisten, als Europäerin einen Afrikaner, als Akademiker eine Prostituierte liebt« und so weiter und so fort. Kaum eine Wertegemeinschaft ist so tolerant, dass sie völlig frei von solchen Normvorstellungen ist. Je detaillierter der Wertekatalog einer Gemeinschaft verfasst ist, desto produktiver sind ihre Mitglieder bei der Fabrikation von Schuldgefühlen.

Zuweisung von Schuld oder Angeln verboten!

Ein solches Aussäen von Schuldgefühlen ist eine beliebte Technik für Manipulatoren, die Kontrolle über andere Menschen ausüben wollen. Man findet Manipulatoren in allen Lebensbereichen. Sie wirken als Religionsführer, Politiker, Vorgesetzte, Lebenspartner, Lehrer, Elternteil und so fort. Manipulatoren sind darauf angewiesen, dass ihre Saat der Schuldzuweisung auf fruchtbaren Boden fällt. Wer die Anschuldigung glaubt, fühlt sich schuldig – bis zu dem Zeitpunkt der Selbstvergebung. Wenn man dabei erkennt, dass die Vorwürfe der Manipulatoren haltlos sind und diese ja nicht nur in Missbrauchsabsicht, sondern vielmehr aus einer Schwäche heraus erhoben wurden, um möglicherweise von eigenen Defiziten abzulenken, kann auch ihnen vergeben werden.

Eine Seminarteilnehmerin beschrieb einmal das Bild eines »Schuldautomaten«, den sie immer bei sich trüge. Ab und an käme jemand vorbei und würde einen Euro in den Automaten werfen, um diesen zu aktivieren. Das »ausgeworfene« Schuldgefühl würde sie dann nur schwer wieder los.

Nicht immer sind es klar formulierte Schuldzuweisungen, die uns schuldig fühlen lassen. Je offener ein Vorwurf ausgesprochen wird, desto besser können wir uns damit auseinandersetzen und gegebenenfalls wehren. Im Gegensatz zu Intriganten, die hinterm Rücken schlecht über andere reden, scheuen offene Angreifer Konfrontationen nicht. Verdeckte Vorwürfe bieten weniger Angriffsfläche.

Manche verstehen es auch, uns mehr oder weniger dezent zwischen den Zeilen auf unser vermeintliches Fehlverhalten aufmerksam zu machen. Wenn wir uns dann offen zur Wehr setzen, können wir uns möglicherweise gleich doppelt schuldig fühlen. Erstens aufgrund des versteckten Vorwurfs und zweitens wegen unserer »Überreaktion«. »Du bekommst immer alles in den falschen Hals«, bekommen wir dann möglicherweise zu hören.

Verletzender sind jedoch die unausgesprochenen Vorwürfe. Wir spüren an seinem ganzen Verhalten, was ein anderer nur denken mag, aber nie sagt. Weil die Vorbehalte nie in Worte gekleidet werden, können wir sie auch nicht ausräumen. Sie bleiben im Bereich des »Ungefähren und Ungeklärten«.

Im Bereich des Ungewissen liegen auch die unbewusstesten Gründe für unser Verhalten im Umgang mit der Schuld, zum Beispiel die Frage, weshalb wir uns in wiederkehrenden Situationen unseres Lebens schuldig fühlen oder warum wir uns immer wieder entsprechend verhalten, nur um uns nicht schuldig fühlen zu müssen. Die Antwort kann manchmal in der Lebensgeschichte eines Familienangehörigen gefunden werden. Denn oft müssen Kinder einem Elternteil dabei helfen, dessen eigene Schuldgefühle mitzutragen.

Die Buchautorin Karin Ludwig erzählte im Rahmen der Ausbildung zur Meditationslehrerin: »Schuld ist etwas, was ich nicht ertragen kann ... was ich nicht tragen kann ... Ich kann nicht ertragen, schuld zu sein, dass jemand zu spät zur Arbeit oder zur Schule kommt, weil ich ihn nicht noch ein fünftes Mal geweckt habe. Ich kann nicht ertragen, schuld daran zu sein, dass jemand Hunger hat, nur weil ich nicht rechtzeitig gekocht habe. Ich kann nicht ertragen, dass jemand mit dem Zug zum Arzt muss, nur weil ich ihn nicht fahren kann.

Das erste Kind meiner Eltern, die kleine Sabine, war ein herziges, ganz liebes Kind. Sie hatte ein Hüftleiden und musste deshalb im Alter von zwei Jahren operiert werden. Es sei keine große Sache, eine Routineoperation, beruhigten die Ärzte meine Eltern. So brachte meine Mutter die kleine Sabine ins Krankenhaus und gab sie dort ab. Damals konnte man nicht mit im Krankenhaus bleiben oder gar übernachten, wie man das heute Gott sei Dank darf. Man gab die Kinder ab und holte sie Tage später wieder nach Hause.

Fünf Tage nachdem meine Mutter sie ins Krankenhaus gebracht hatte, kam ein Anruf. Es habe Komplikationen gegeben. Die kleine Sabine hatte die Operation nicht überlebt.

Für meine Eltern brach eine Welt zusammen. Meine Mutter machte sich Vorwürfe, sie überhaupt ins Krankenhaus gebracht zu haben, und lud damit große Schuld auf sich. Damit nicht genug. Ihr Vater, mein Opa, war ein harter Mann. Hart geworden durch den Krieg. Er hatte an der Front gekämpft und war in russischer Gefangenschaft gewesen. Über die schlimmen Erlebnisse dort sprach er nie. Er verschloss sein Herz und wurde hart. Da meine Eltern noch sehr jung waren, lebte meine Mutter die erste Zeit mit der kleinen Sabine bei ihren Eltern. Dieses unschuldige herzige Kind hatte den harten Mann butterweich und ganz zart gemacht. Sie war sein Ein und Alles, seine Prinzessin. Sie hatte ihm sein Lebenslicht zurückgegeben. Nach ihrem Tod machte auch er in seiner bitteren Verzweiflung meiner Mutter Vorwürfe, warum sie die kleine Sabine in dieses Krankenhaus und nicht in eine Spezialklinik gebracht hatte. Dann würde sie noch leben, sagte er. Sicher wollte er ihr nichts Böses. Er war in seinem Schmerz nur so verzweifelt, dass er damit irgendwohin musste. Diese große, aufgeladene Schuld trägt meine Mutter bis heute.

Meine Eltern bekamen noch vier Kinder. Ich war von uns fünfen das vierte. Wir sind sehr liebevoll aufgewachsen. Doch immer mit dieser Schuld im Raum und um uns, die wir Kinder zwar fühlten, aber nicht einordnen konnten, die wir nicht verstanden. Wir gingen mit unserer Mama jeden Tag auf den Friedhof und trugen mit unseren kleinen Händen die großen Gießkannen, um das Grab unserer Schwester zu gießen.

Die Schuld legte sich unsichtbar auch über uns Kinder und wuchs unerkannt mit. So wurde in meinem Leben aus jeder kleinen Schuld eine große, und ich wusste nie, warum. Deshalb kann ich nicht ertragen, schuld zu sein. Ich kann keine kleine und keine große Schuld tragen.

Dann las ich eines Tages einen Spruch von Corrie ten Boom (1892–1983), der mich gleich berührte:

»Wenn wir Gott unsere Schuld bringen, dann nimmt er sie und versenkt sie im Meer, da, wo es am tiefsten ist. Und am Ufer stellt er ein Schild auf, darauf steht: ›Angeln verboten!‹«[4]

Mir wurde mit einem Mal klar, dass ich Schuld haben darf. Ich darf schuld sein! Schuld sein, dass jemand zu spät zur Schule kommt. Dass jemand Hunger hat, weil ich noch keine Zeit zum Kochen hatte. Ich darf schuld sein, dass mich jemand nicht erreichte, obwohl er meine Hilfe gebraucht hätte. Mit dieser Erkenntnis verschwand langsam die große Schuld, die sich immer wieder in meinem Leben über jede kleine Schuld gelegt und die mich bisweilen an meiner Lebensfreude gehindert hatte.«

Unterdrückte Lebensfreude

Manche Schuldgefühle beruhen auch auf hohen Leistungsansprüchen an sich selbst, denen man nicht gerecht werden kann. Perfektionisten sind in diesem Sinne »chronisch Leidende«. Sie streben nach Stillstand, denn was sollte nach dem Erreichen des Perfekten noch kommen? Doch Gott sei Dank geht es immer noch ein bisschen besser. Diese Tatsache macht dem perfektionistisch veranlagten Menschen zu schaffen. Perfektionismus blockiert die Lebensfreude. Denn Lebensfreude ist die Lust am Weitermachen, also das Gegenteil von Streben nach Stillstand.

»Was hindert dich an deiner Lebensfreude?«, fragte ich einmal während eines Seminars.

Eine Teilnehmerin gab zur Antwort: »Der Glaube, Freude nicht verdient zu haben.«

Daraufhin fragte ich sie: »Würdest du einem Baby nach seiner Geburt sagen, es hätte dieses Leben nicht verdient? Würdest du ihm sagen, es hätte kein Glück verdient? Würdest du ihm sagen, es hätte nicht verdient, Freude an seinem Leben zu fühlen? Du warst dieses Baby, das sich auf den Weg gemacht hat, eine erwachsene Frau zu werden. Was ist unterwegs passiert, dass du nun zu dir sagst: ›Ich habe es nicht verdient‹? Welche Ansprüche und Erwartungen an dich selbst hast du in der Zwischenzeit entwickelt, von denen du glaubst, sie erst erfüllen zu müssen, bevor die Freude zu dir kommen darf?«

Wer außer uns selbst ist verantwortlich für unsere Lebensfreude? Stellen wir die Frage doch einmal andersrum: »Hat das Leben auch Freude an dir? Stell dir vor, das Leben wäre der Gastgeber einer Party. Wärst du ein guter Gast? Feierst du mit, oder stehst du nur gelangweilt am Rande? Würde der Gastgeber dich gern wieder einladen?«

Viele Menschen sind konditioniert, sich beim Glücklichsein ertappt zu fühlen. Wenn sie deprimiert oder unglücklich sind, ist für sie alles okay. Solange sie sich mit ihren Sorgen und Befürchtungen beschäftigen, ist alles normal. Sobald sie aber unbändige Lebensfreude in sich spüren, wird der Verstand sofort misstrauisch. »Wo ist denn da der Haken?«, wirft er ein und beginnt, über mögliche Nachteile und Fallstricke nachzudenken.

Ganz unrecht hat der Verstand allerdings nicht: Der »Haken« liegt in dem Rhythmus des Wechsels. Ein Leben mit Höhen ist immer auch ein Leben mit Tiefen. Wir können nicht beständig auf Wolke sieben leben. Nach dem Tag folgt die Nacht, und nach der Nacht folgt wieder ein Tag, dies ist der Rhythmus des Lebens. Wir können nicht dauerhaft ekstatische Liebe und unbändige Lebensfreude in uns spüren, auch von diesen Gefühlen müssen wir uns ab und an erholen. Nachdem wir ein Highlight erlebt haben, während dessen wir uns keine Gedanken um das Gestern und Morgen gemacht haben, sondern einfach nur lebendig und glücklich waren, folgt die schmerzhafte Wehmut. Wir lassen das glückliche Ereignis Revue passieren und fühlen dabei Dankbarkeit und zugleich die Hoffnung, bald wieder ein weiteres Ereignis voller Glück und Freude erleben zu dürfen.

Mit der Hoffnung kommt jedoch auch die Befürchtung auf, dass dies nicht der Fall sein könnte. Aus diesem

Tal der Befürchtung müssen wir dann wieder herausklettern. Zwar ist es durchaus schön, ein beschauliches und ausgewogenes Leben zu führen, und viele streben dies auch an, doch für mich ist ein Leben mit vielen Highlights und dementsprechend vielen Downs einem dahinplätschernden Leben nach dem Motto »Und täglich grüßt das Murmeltier« vorzuziehen. Die Botschaft lautet: Fürchte dich nicht vor der Freude, fürchte dich nicht vor der Liebe – und fürchte dich nicht vor emotionalem Schmerz.

Die Angst vor Schmerz und Verletzung ist einer der Gründe, warum manche Menschen das Tor des Herzens vor der Liebe schließen. Meistens geschieht dies unbewusst.

Eine mir bekannte Frau litt unter ihrer Einsamkeit. Einsamkeit ist »Allein-Sein« ohne Liebe. Wer sich mit allen verbunden fühlt, empfindet das »All-ein-Sein« als angenehm, ein einsamer Mensch hingegen fühlt sich getrennt von der Liebe. Ich wusste von der Frau, dass sie in den Jahren zuvor lebenslustig gewesen war. Sie hatte einen Hund gehabt und sich im Hundeverein engagiert. Nach dem Tod ihres Lieblings hatte sie diese Aktivitäten aufgegeben. Nun, als sie mir von ihrer Einsamkeit erzählte, fragte ich sie, warum sie sich nicht wieder einen Hund anschaffe? Nie wieder würde sie dies tun, antwortete sie.

Die letzten Wochen mit ihrem Hund seien die schlimmsten in ihrem Leben gewesen, niemals mehr wolle sie die schmerzvolle Erfahrung machen müssen, einen vierbeinigen Freund zum Tierarzt zu bringen, damit er dort eingeschläfert würde. Aus Angst vor wenigen Wochen Schmerz verzichtete sie somit auf fünfzehn Jahre Liebe und Lebensfreude.

Ein weiterer möglicher Grund für unterdrückte Lebensfreude kann eine Prägung aus der Kindheit sein, die in einem Menschen ein inneres Schuldgefühl erzeugen lässt, sobald er Glück und Freude empfindet. Der dahinterstehende Glaubenssatz lautet: »Ich darf nicht glücklich sein, solange es nicht alle anderen Menschen in meiner Umgebung ebenfalls sind.« Immer dann, wenn das Kind ausgelassene Fröhlichkeit zeigte, wurde es möglicherweise von den Erwachsenen zurechtgewiesen: »Sei nicht so laut, der Papa braucht seine Ruhe. Tob nicht so rum, der Mama geht es momentan nicht so gut« – und so weiter. Also lernt das Kind für das weitere Leben: »Ich muss erst dafür sorgen, dass es allen anderen in meiner Umgebung gut geht, erst danach darf ich auch mal an mich denken.« Doch dieser Moment, in dem es allen anderen um uns herum gut geht, kommt nie! Irgendeine »Muffpratze« ist immer in der Nähe! Solchen Zeitgenossen ist jegliche Form der Lebensfreude suspekt: »Du bist glücklich ... müssen wir uns Sorgen machen?«, fragen sie.

Und manche, die (trotzdem) glücklich sind, plagt ein schlechtes Gewissen, weil sie glauben, ihr Glück nicht verdient zu haben. »Wie kann es sein, dass es mir bei all dem Leid um mich herum so gut geht?«, lautet ihre Frage. Überall auf der Welt sterben Menschen infolge von Krieg, Hungersnöten und Naturkatastrophen. Und auch hierzulande gibt es Elend, viele Menschen leiden beispielsweise an einer unheilbaren Krankheit. Und der glückliche Mensch denkt, bewusst oder (meistens) unbewusst: »Das dicke Ende kommt noch, irgendwo hängt sicher das Damoklesschwert über mir.«

Der Glaubenssatz, früher oder später einen Preis dafür zahlen zu müssen, dass es in unserem Leben derzeit so gut läuft, erzeugt in uns ein Schuldgefühl: Wir empfinden, dass wir dem Leben etwas schuldig sind. Wir sollten stattdessen unser Glück als ein Geschenk betrachten. Ein Geschenk erfordert keine Bezahlung, es ist auch kein Lohn für ein Verdienst. Für ein Geschenk ist weder eine Vor- noch eine Nachleistung nötig. Wir dürfen Geschenke annehmen und uns über sie freuen. Doch sollten wir achtsam mit ihnen umgehen und dankbar für sie sein. Mit unserer Freude und unserer Dankbarkeit zeigen wir Wertschätzung: Wertschätzung gegenüber dem Geschenk und dem Schenkenden, also dem Leben. Und zugleich ist es die Wertschätzung unser selbst.

Selbstachtung ist die Basis oder Die Rückkehr des verlorenen Sohnes

Etwa ein halbes Jahr vor ihrem Tanz auf den Schuldgefühlen hatten die Seminarteilnehmer während eines intensiven Wochenendes ihr Selbstwertgefühl gestärkt. Denn bevor wir uns um die Themen der Vergangenheit kümmern können, müssen wir Vertrauen zu uns selbst entwickeln. Schließlich muss der Mensch, der uns vergibt, auch vertrauenswürdig sein. Wir müssen ihm glauben können, und das können wir nur dann, wenn wir ihn auch für glaubwürdig halten. Da jede Vergebung ja immer zugleich auch Selbstvergebung ist, brauchen wir zunächst den Glauben an uns selbst.

Jedes Ereignis in unserem Leben ist eine Erfahrung, die wir mit uns selbst machen. Die Frage, was wir von uns selbst *grundsätzlich* halten, bestimmt, wie wir die Ereignisse in unserem Leben emotional wahrnehmen und gedanklich interpretieren. Unsere innere Lebensqualität ist so gut oder so schlecht wie unser Selbstwertgefühl. Als »Basisgefühl« beeinflusst es im hohen Maße, ob wir uns an unserem Leben mehr erfreuen oder ob wir es eher ertragen.

Emotionale Verletzungen beeinträchtigen die Selbstachtung generell, darüber hinaus ist die Zerstörung jeglichen Selbstwertgefühls die nachhaltigste emotionale Verletzung, die ein Mensch je erfahren kann. So leiden Opfer sexueller Gewalt oftmals ein Leben lang unter dem Verlust ihrer Selbstachtung. Selbstvergebung geschieht nur nach der Wiedererlangung der eigenen Selbstachtung. Dazu ist es nötig, die Opferrolle ganz und gar abzulegen. Das bedeutet nicht, denjenigen die Absolution zu erteilen, die uns in der Vergangenheit Verletzungen zugefügt haben, sondern es bedeutet vielmehr, sich nicht weiter der Herrschaft dieser Menschen zu unterwerfen. Denn auch dann, wenn das verletzende Ereignis schon Jahre oder möglicherweise Jahrzehnte zurückliegt, übt es durch die Folgen immer noch Macht über uns aus. Sobald wir unsere gegenwärtige eigene Macht stärker fühlen als die Macht des vergangenen Ereignisses, befinden wir uns auf dem Wandlungsweg vom passiven Opfer zum Handelnden.

Das Gefühl der persönlichen Stärke kann nur losgelöst von den Geschehnissen der Vergangenheit entwickelt werden. Wir müssen uns dabei ausschließlich auf uns selbst besinnen, dürfen keine Achtsamkeitsenergie in die alten Geschichten investieren. Auch die Beschäftigung mit früheren angenehmen und positiven Erfahrungen hält uns sowohl in der Vergangenheit als auch in den Geschichten fest. Das Selbstwertgefühl darf sich auf nichts anderes gründen als auf das Selbst. Wir sind nicht wertvoll, *weil* wir etwas Bestimmtes gedacht, getan oder erlebt haben, sondern wir *sind* es einfach! Wir sind wertvoll – ohne Begründung, ohne Rechtfertigung, ohne Kompromiss! Das brauchen wir nicht zu wissen, sondern wir müssen es (wieder) fühlen. Ein Baby weiß auch nichts über seinen Wert, sein Urvertrauen beruht nicht auf philosophischen Erkenntnissen. Urvertrauen ist Selbstwertgefühl in reinster Form, wir verlieren es im Laufe der Zeit nicht, weil wir uns zu wenige, sondern im Gegenteil zu viele Gedanken machen.

Um wieder reines Selbstwertgefühl spüren zu können, müssen wir manch angesammelten Gedankenmüll entsorgen. Wir müssen den Kopf leer machen, damit unser Herz voll werden kann. Und wir müssen uns von Konditionierungen befreien, zum Beispiel von dem Glauben, uns die Liebe verdienen zu müssen. Doch wie das Leben ist auch die Liebe kein Lohn für eine Leistung, sondern geschenktes Glück. Wahre Liebe können wir nicht kaufen, nicht mit Geld, nicht mit Nettigkeiten, nicht mit Heldentaten. Solange wir einer solchen Konditionierung folgen, werden wir unweigerlich Enttäuschungen und Schuldgefühle erfahren, Enttäuschungen der Lieblosigkeit und Schuldgefühle, weil wir vermeintlich nicht genug investieren an Geld, an Nettigkeiten, an Heldentaten.

Die Loslösung von der Konditionierung ist mit der Erkenntnis verbunden, dass man die Liebe an der falschen Stelle gesucht hat: im Außen und bei anderen. Denn der einzige Ort, an dem wir Liebe fühlen können, liegt in uns selbst. Jesus nannte diesen Ort »das Himmelreich«. Mein Name dafür lautet »Dalmanuta«. Es ist der Ort in uns, an dem wir uns geborgen fühlen, der Ort der Freude und der Liebe, der Ort, an dem emotionale Verletzungen geheilt und Schuldgefühle aufgelöst werden. Hier, und nur hier, kann Vergebung geschehen. Es ist der Ort, an dem das Fest gefeiert wird, wenn der »verlorene Sohn« nach Hause kommt, wie es in dem biblischen Gleichnis beschrieben wird (Lk 15, 11–32): In dieser Geschichte verlangt der jüngere von zwei Söhnen vom reichen Vater sein Erbteil, geht damit ins Ausland, verprasst es, wird zum Bettler, Schweinehirten und kehrt schließlich reumütig zum Vater zurück. Der Vater reagiert nicht so, wie viele es erwartet hätten: Er schickt den Sohn nicht fort, sondern veranstaltet ein üppiges Fest zu seinen Ehren.

Diese Geschichte ist so aktuell wie eh und je. Wir alle sind in manchen Phasen unseres Lebens verlorene Söhne oder Töchter, und zwar immer dann, wenn wir unser Glück dort suchen, wo es nicht zu finden ist. Doch diese Phasen sind wichtig für unsere Entwicklung. Wir müssen uns entfernen, um wieder bei uns anzukommen, wir müssen uns verlieren, um wieder zu uns selbst zu finden. Darin liegt für mich die Bedeutung der Worte »Wer suchet, der findet«. Das heißt im Umkehrschluss, dass derjenige nichts finden wird, der sich nicht auf die Suche begibt. Die Suche ist also unabdingbare Voraussetzung für das Finden.

Auf die Suche begeben wir uns allerdings nur dann, wenn wir glauben, etwas Wichtiges verloren zu haben. Darin liegt der große Wert von Lebenskrisen. Das Dilemma ist meist, dass wir zunächst nicht wissen, was wir eigentlich verloren haben. Wir suchen, wissen aber nicht, wonach. In solchen Zeiten setzt sich ein göttliches Gesetz in Kraft: »Der Meister kommt, sobald der Schüler bereit ist.« Diese »Meister« können Situationen, Gelegenheiten und Begegnungen sein, die uns neue Orientierung geben. Wir glauben dann zu wissen, was wir verloren haben:

nämlich uns selbst. Aber das ist nur die halbe Wahrheit, die ganze lautet: Wir haben die Liebe verloren, die Liebe zu uns selbst, die Liebe zu anderen, die Liebe zum Leben.

Pflicht- und Schuldbewusstsein

Die Freude über die Rückkehr des verlorenen Sohnes teilten nicht alle, der Bruder beschwerte sich beim Vater, weil für ihn noch nie ein Fest gefeiert wurde. Dabei war er sogar in schlechten Zeiten daheim geblieben, war nicht wie der andere auf »Selbstfindungstrip« gegangen. Er hatte den Vater nie im Stich gelassen. Er war nie verloren gegangen. Stattdessen hatte er seine Pflicht erfüllt.

»Pflicht« hieß im Altgriechischen *déon* und bedeutete »das Erforderliche, Nötige« beziehungsweise »das Gesollte«. Was nun erforderlich ist, bestimmt eine Regel, die beispielsweise auf rechtlicher, moralischer oder ethischer Grundlage erstellt worden ist. Pflichten sind geforderte Handlungsanweisungen. Freiwilligkeit ist dabei keine Option. Ein pflichtbewusster Mensch ist jemand, der sich an die Regeln hält, unabhängig davon, ob er es im Grunde seines Herzens möchte oder nicht. Im letzteren Fall sind Schuldgefühle unausweichlich: Entweder fühlt man sich schuldig, weil man gegen seine innere Wahrheit handelt, oder man fühlt sich schuldig, weil man dann doch mal gegen die Regel verstößt. Pflichtbewusstsein ist die Schwester des Schuldbewusstseins.

Eine Seminarteilnehmerin erzählte von einem Versprechen, das sie ihrer Tante und ihrem Onkel gegeben hatte. Die beiden waren hochbetagt, zwar geistig frisch, aber körperlich kaum noch in der Lage, selbstständig in ihrer Wohnung zu leben. Nach dem Willen der übrigen Familie hätte das Ehepaar die Wohnung längst gegen ein Zimmer im Altersheim eingetauscht.

»Für die beiden war ich die einzige Vertrauensperson«, sagte sie. »Sie lebten abgeschottet, gingen nicht mehr vor die Tür und ließen außer mir auch niemanden hinein. Ich wohnte viele Kilometer entfernt, sodass ich nur einmal im Monat zu ihnen fahren konnte, um die nötigsten Reinigungsarbeiten zu erledigen.

Eines Tages bat mich der Onkel, ihm ein Versprechen zu geben. Er hatte mit einem Nachbarn ein Zeichen vereinbart, woran dieser morgens erkennen konnte, ob die beiden die Nacht überstanden hatten. Der Nachbar hatte die Anweisung, mich anzurufen, falls an einem Morgen das vereinbarte Zeichen nicht gegeben worden wäre. Wenn nun dieser Anruf käme, so bat mich der Onkel, sollte ich noch zwei Tage warten, bevor ich zu ihrer Wohnung fahren dürfte. Auf keinen Fall sollte ich Polizei oder Rettungswagen oder einen anderen Familienangehörigen benachrichtigen. Obwohl ich genau wusste, was dies bedeuten würde, gab ich meinem Onkel das Versprechen.

Als Monate später der befürchtete Anruf des Nachbarn kam, war ich hin und her gerissen. Einerseits hatte ich den Drang, sofort zu helfen, andererseits wollte ich auch das Vertrauen des Onkels nicht verletzen. Ich entschied mich dazu, gemäß meinem Versprechen zu handeln. Nach zwei Tagen fuhr ich hin, ließ von einem Schlüsseldienst die Wohnungstür öffnen und fand die beiden tot vor.

Wie sich herausstellte, war meine Tante im Bett gestorben, mein Onkel hatte einige Stunden danach Suizid verübt. Ihn hätte ich vielleicht retten können, wenn ich dem Versprechen entgegen gehandelt und sofort nach dem Anruf des Nachbarn den Notruf gewählt hätte. Diesen Vorwurf, den mir die Familie berechtigterweise machen könnte und den auch ich mir manchmal mache, muss ich nun aushalten. Auch rechtlich wäre es wohl meine Pflicht gewesen, schnellstmöglich Hilfe anzufordern. Ob meine Entscheidung moralischen Kriterien entspricht, weiß ich nicht. Ich weiß nur, dass ich damals meiner Wahrheit gefolgt bin.«

Ein anderer berichtete von der Zusicherung, die er am Sterbebett der Mutter gegeben hatte: »Versprich mir, auf deinen Bruder aufzupassen!«, hatte sie gesagt. Dieses Gelübde habe er nicht halten können, nicht, weil er es nicht gewollt hätte, sondern weil der Bruder seine Hilfe eines Tages nicht mehr annehmen wollte. Dieser war alkoholkrank und auf die sogenannte schiefe Bahn geraten. »Es war genau das geschehen, was meine Mutter befürchtet hatte. Sie hatte gehofft, dass ich diese Entwicklung hätte aufhalten können. Aber es war mir einfach nicht möglich, dennoch habe ich diesbezüglich Schuldgefühle«, sagte er.

»Versprechen gelten nur so lange, wie beide leben«, erklärte ich ihm meine Sichtweise. »Sobald einer von beiden, entweder der, der das Versprechen gibt, oder der, der es verlangt, stirbt, verliert es seine Gültigkeit. In dem Augenblick, als deine Mutter starb, warst du frei von dem Gelübde. Sieh einmal, letztendlich ging es darum, dass deine Mutter Frieden mit ihrem Leben machen konnte, dass sie am Ende mit sich im Reinen war und mit einem guten Gefühl gehen konnte. Das heißt nicht, dass du deine Zusage nicht hättest halten und gemäß deinem Versprechen hättest handeln *dürfen*, aber du *musstest* es nicht!

Mit dem ›Ich darf‹ bist du in der Freiwilligkeit, mit dem ›Ich muss‹ bist du in der Pflicht. Wenn du dein Pflichtbewusstsein nachträglich in Freiwilligkeit verwandeln kannst, verschwindet dein Schuldgefühl. Und streiche ein für alle Male im Rückblick auf deine Vergangenheit diesen Konjunktiv aus deinem Wortschatz: Sage nie mehr Sätze wie ›Hätte ich doch …‹ Es wird Zeit, dass du Frieden mit dir selber schließt.«

Diese Art des Konjunktivs ist die Sprachform der Schuldzuweisung. Ein Freund von mir wirft sich bereits seit Jahren vor, dass er die schwere Krankheit seiner Lebensgefährtin nicht früher bemerkt hat. »Ich hätte registrieren müssen, dass sie immer so müde war. Aber sie hat nichts gesagt, erst dann, als es schon zu spät für eine Heilung war, offenbarte sie mir ihre Symptome.« Mit diesem Konjunktiv formulieren wir jedoch nicht nur Selbstvorwürfe, sondern weisen auch anderen manchmal Schuld zu: »Hätte er doch …, hätte sie doch nicht …« und so weiter.

Der innere Gerichtssaal oder Urteile nie mehr über dich selbst

Manchmal sind wir uns selbst gegenüber unerbittlich. Wir alle haben in uns einen Gerichtssaal installiert. Die darin agierenden Protagonisten sind der innere Staatsanwalt, der Verteidiger, der Richter und der Angeklagte.

Der Staatsanwalt ist die Instanz in uns, die für Selbstvorwürfe zuständig ist. »Warum habe ich das bloß gemacht? Wie konnte ich mich auf so etwas einlassen? Ich habe gleich gewusst, dass es schiefgehen würde! Das kann ich sowieso nicht! Andere sind besser als ich!« So klagt der innere Staatsanwalt uns an. Er hält uns all unsere vermeintlichen Schwächen und Fehler vor und führt uns detailliert vor Augen, wann, wo und auf welche Weise wir versagt haben.

Der innere Verteidiger formuliert unsere Rechtfertigungen: »Was hätte ich denn anderes tun können? Ich hatte doch keine Wahl! Der andere hat aber mit dem Streit angefangen! Ich musste mich doch zur Wehr setzen!« – und so weiter.

Der Angeklagte fühlt sich schuldig, und der Richter fällt das Urteil in Form von Konsequenzen: »Darauf lasse ich mich nie wieder ein! Das werde ich nicht mehr wagen!« Der innere Richter verweist uns in die Schranken, er erklärt uns, in welchem Rahmen wir uns bewegen sollen. Er zeigt uns das Gefängnis, in dem wir es uns bequem machen können. Wenn wir uns in unserer Zelle gemütlich einrichten, können wir das Gefängnis auch als »Komfortzone« bezeichnen.

Sobald wir jedoch an die Grenzmauern der Komfortzone gelangen, geraten wir in Schwierigkeiten. Jemandem, der zum Beispiel glaubt, nicht vor einer größeren Anzahl von Menschen sprechen zu können, lässt bereits der Gedanke, eine Rede halten zu müssen, das Blut in den Adern gefrieren. Andere bekommen Schweißausbrüche, sobald eine Prüfung bevorsteht, weil der innere Richter bereits vor langer Zeit »im Namen des Volkes« den Schuldspruch wegen Versagens verkündet hat.

Die Urteile des inneren Richters sind einschränkende und blockierende Glaubenssätze, die uns manchmal bewusst, zumeist aber unbewusst sind. Ich habe etliche Menschen kennengelernt, deren innerer Richter einst das Urteil verkündet hatte, nie mehr in einer Liebesbeziehung verletzt zu werden. Die Folge war, dass sie das Tor zu ihrem Herzen verschlossen, sobald das Gefühl der Liebe daran anklopfte. Das verschlossene Tor schützte sie nicht nur vor Verletzung, sondern auch vor liebevoller Berührung. Es sorgte ebenso dafür, dass die Liebe zu sich selbst keinen Einlass mehr fand. Der Urteilsspruch, nie mehr von der Liebe enttäuscht zu werden, verhindert jegliche Form der Liebe.

Der Weg in die Freiheit erfordert unseren Mut, über die Grenzen unserer einschränkenden Glaubenssätze hinauszugehen und je nach Veranlagung gefrorene Blutadern oder Schweißausbrüche zu ertragen. Um unsere Freiheit wiederzuerlangen, müssen wir uns selbst *frei*sprechen. Jesus sprach vom Jüngsten Gericht. Das Jüngste Gericht bezeichnet das letzte, das endgültige Gericht. Der letzte Gerichtsprozess muss unweigerlich mit einem Freispruch enden. Jedes andere Urteil würde das Verfahren verlängern, es gäbe Berufung und Revision, Gnadengesuche und so weiter. Nur ein absoluter und bedingungsloser Freispruch beendet das Drama von Schuld und Sühne. Erst nach der endgültigen Absolution können die inneren Protagonisten Staatsanwalt, Verteidiger, Richter und Angeklagter den Gerichtssaal ohne Aussicht auf Rückkehr verlassen.

Die Botschaft lautet: Urteile nie mehr über dich selbst! Verurteile dich selbst niemals mehr für irgendetwas!

Nicht mehr über uns selbst zu urteilen bedeutet nicht, dass wir nicht mehr offen für Kritik wären. Wir dürfen uns die Fähigkeit bewahren, unser Verhalten zu hinterfragen. Schließlich können wir Vergebung erst erfahren, wenn wir uns eingestanden haben, dass wir etwas zu vergeben haben. Wir sollten regelmäßig Selbstreflexion üben. Im Gegensatz zu einem Urteil ist die Selbstreflexion ergebnisoffen. Urteile haben endgültigen Charakter, sie »stehen fest« und verhindern daher den Prozess der Vergebung. Selbstreflexion hingegen ist fließend und offen für Veränderung. Das Urteil »Ich bin ein Versager« kann in der offenen Selbstreflexion eine überraschende Wendung erfahren, bei der wir möglicherweise erkennen, dass unser (vermeintliches) Versagen wichtig und förderlich für uns war.

Der amerikanische Basketballspieler Michael Jordan sagte einmal: »In meiner Karriere habe ich über neuntausend Würfe verfehlt. Ich habe fast dreihundert Spiele verloren. 26-mal wurde mir der spielentscheidende Wurf anvertraut, und ich habe ihn nicht getroffen. Ich habe immer und immer wieder versagt in meinem Leben. Deshalb bin ich erfolgreich.«[5]

Kompetenz und Eigenverantwortung

Der Prozess der Vergebung ist, wie auch die emotionalen Verletzungen selbst, eine höchst persönliche Angelegenheit. Niemand außer uns selbst ist kompetent bezüglich unserer eigenen Verletzungen und Schuldgefühle, und niemand außer uns selbst verfügt über die Kompetenz unserer persönlichen Selbstvergebung. Wir sollten nicht zulassen, dass sich ein anderer ungefragt und ungebeten in diesen Prozess einschaltet. Umgekehrt gilt, dass auch wir uns nicht eigeninitiativ in den Prozess der Vergebung eines anderen einmischen sollten.

Eine Meditationslehrerin aus meinem Kurs erzählte während eines Ausbildungstages von einem Vortrag, den sie vor einigen Jahren in Hamburg zum Thema Todesstrafe gehalten hatte. »Es waren 25 Zuhörer anwesend«, sagte sie, »und alle außer mir vertraten die Ansicht, dass diese Art der Strafe in manchen Fällen legitim sei. Das hat mich total erschreckt, und ich habe mich gefragt, was ich tun könnte. Das Einzige, was ich tun kann, ist, Liebe zu geben, dachte ich und kam auf die Idee, einem zum Tode verurteilten Menschen einen Brief zu schreiben. Daraus entwickelte sich eine Brieffreundschaft zu einem Mann, der in einem Bundesstaat der USA in der Todeszelle einsitzt. In all den Jahren hatte er mich in seinen Briefen nie um etwas gebeten – bis heute. In seinem letzten Brief teilte er mir das Datum seiner Hinrichtung mit und bat mich, dabei anwesend zu sein. Der Delinquent hat das Recht, Zeugen zu benennen, die seiner Hinrichtung beiwohnen. Außerdem bat er mich darum, der Familie des Mannes, den er ermordet hatte, einen Brief zu schreiben und diese zu bitten, sie möge ihm verzeihen. Ich habe lange überlegt und mich nun entschlossen, meinem Brieffreund beide Bitten zu erfüllen: Ich werde den Brief an die Familie des Opfers schreiben und, wenn es so weit ist, in die Vereinigten Staaten reisen, um Zeuge seiner Hinrichtung zu sein.«

»Geh noch mal in dich, und frag dich, ob du das wirklich willst«, sagte ich. »Unabhängig davon, dass die Beobachtung der Hinrichtung für dich zu einem traumatischen Erlebnis werden könnte, das sich möglicherweise auf dein weiteres Leben, deine Ehe und deine beiden kleinen Kinder auswirkt, bedeutet die Kontaktaufnahme zu den Angehörigen des Opfers mit der Bitte um Gnade eine Grenzüberschreitung. Sie haben dich weder darum gebeten noch gefragt. Vergebung kann man nicht einfordern. Stell dir einmal vor, du wärst in der Situation dieser

Familie und bekämst einen Brief von einem Fremden, der dich bittet, Mitgefühl für den Täter zu empfinden.«

Unseren Meditationslehrern vermittle ich in der Ausbildung, dass sie niemals Teil des Dramas eines Teilnehmers werden sollen. »Die Leute können zu euch kommen und ihr Herz bei euch ausschütten, aber ihr dürft nie in ihr Leben eingreifen«, sage ich. »Ihr könnt den Menschen Übungen anbieten und auch eure Sicht hinsichtlich des betreffenden Themas darstellen, aber ihr dürft ihnen niemals sagen, wie sie sich entscheiden sollen. Zeigt ihnen, wie sie zu ihrer eigenen Klarheit und Entschlossenheit finden können. Aber übernehmt keine Rolle in der Story der Leute, sondern bleibt Beobachter!«

Insbesondere Menschen mit ausgeprägtem Helfersyndrom neigen dazu, im Leben derjenigen mitzumischen, die sie für hilfsbedürftig halten. Es ist ein großer Unterschied, ob wir jemandem helfen oder die Verantwortung für seine Probleme übernehmen. Im schlimmsten Fall ernten wir Enttäuschung, weil wir die Angelegenheit, die wir zu »unserer Sache« gemacht haben, in den Augen des anderen nicht gut genug erledigen. Einmal entwickelte ich beispielsweise mit einem alkoholkranken Mann, der mich nach einem heftigen Rückfall um Hilfe gebeten hatte, ein Programm, an das er sich halten sollte, um nicht wieder abzustürzen. Er wollte auf keinen Fall in eine Entzugsklinik. »Wenn du wieder rückfällig wirst, bringe ich dich auf der Stelle höchstpersönlich in den geschlossenen Entzug«, drohte ich unvorsichtigerweise. Einige Tage später rief die Frau des Mannes an: »Er hat wieder getrunken. Fahr ihn bitte in die Klinik.« Anschließend war sie enttäuscht, weil ich es nicht machen konnte und – ehrlicherweise – auch nicht wollte. Das gemeinsame Ausarbeiten eines Hilfsprogramms war in Ordnung, mit meiner Drohung jedoch hatte ich mich zu weit aus dem Fenster gelehnt und gegen meinen Grundsatz verstoßen: Ich war Teil der Geschichte geworden. Ich hätte dem Mann durchaus mögliche Konsequenzen für den Fall eines Rückfalls aufzeigen dürfen, stattdessen hatte ich jedoch eine Konsequenz entschieden. Damit hatte ich eine Verantwortung übernommen, die mir nicht zustand.

Die Eigenverantwortung betrifft auch die Vergebung. Wir können den inneren Prozess der Vergebung nicht an jemand anderen delegieren. Ebenso kann uns niemand vorschreiben, ob wir etwas zu vergeben haben oder nicht. Wir dürfen uns von anderen keine Schuldgefühle einreden lassen, die wir gar nicht empfinden. Auch dürfen wir uns nicht suggerieren lassen, wir seien »verletzte Opfer«, wenn wir die Verletzung selbst nicht empfinden. Es gibt unseriöse Therapeuten, die manchmal Verletzungen offenlegen, welche nach ihren Behauptungen lange im Keller des Unterbewusstseins geschlummert hätten. In Wahrheit wurde die vermeintlich alte Verletzung erst ganz frisch durch den Therapeuten selbst »gesetzt«. Ich hörte beispielsweise von Frauen, die nach dem Besuch eines solchen Therapeuten davon überzeugt waren, dass sie in ihrer Kindheit Opfer eines sexuellen Missbrauchs geworden seien, obwohl es dafür keinerlei Anhaltspunkte gab. Weil sie dem Therapeuten glaubten, versuchten sie daraufhin verzweifelt, sich an ein Ereignis zu erinnern, das vermutlich niemals stattgefunden hat.

Umgekehrt dürfen wir uns Vergebung auch nicht verbieten lassen. Manche schlimmen Taten verdienen nach Meinung vieler kein Verzeihen. Eva Mozes Kor ist eine Überlebende des Holocaust. Die alte Dame war 2015 Nebenklägerin eines Gerichtsprozesses gegen den ehemaligen SS-Buchhalter des Konzentrationslagers Auschwitz, Oskar Gröning. Am Rande des Prozesses verkündete sie mehrfach öffentlich vor Journalisten, dass sie persönlich den Nazischergen im Allgemeinen und dem Angeklagten im Besondern vergeben habe. Für diese Äußerungen wurde sie vor allem von den anderen Nebenklägern massiv kritisiert. Dabei vertrat Frau Kor nicht die Ansicht, dass der Angeklagte freigesprochen werden müsste. »Meine Vergebung spricht die Täter nicht frei«, sagte sie in einem Interview.

Durchaus sollten auch ihrer Meinung nach die Täter die Konsequenzen für ihre Taten tragen. Ihre Verzeihung nannte sie einen Akt der Selbstbefreiung: »Nicht weil sie es verdienen, sondern weil ich es verdiene!«, sagte sie. Ein Opfer habe das Recht, irgendwann frei zu sein, und man könne nicht frei sein von dem, was einem angetan wurde, wenn man diese »tägliche Last aus Schmerz und Wut« nicht abschüttele. Ähnlich ist auch Nelson Mandela zu verstehen, der sagte: »Als ich aus der Zelle durch die Tür in Richtung Freiheit ging, wusste ich, dass ich meine Verbitterung und meinen Hass zurücklassen musste, oder ich würde mein Leben lang gefangen bleiben.«[6]

Die Vergebung der Eva Kor betraf sie allein. Sie konnte nicht im Namen einer Gruppe vergeben, in diesem Fall der Gruppe der Holocaustopfer. Es gibt in dem Sinne weder eine Kollektivvergebung *für alle* noch eine Kollektivschuld *aller*. Ebenso wie Vergebung ist auch die Schuld immer eine individuelle Angelegenheit. Niemand kann sich aus der Verantwortung stehlen, indem er die Schuld einer gesamten Gruppe zuweist. Jedes einzelne Gruppenmitglied muss sich höchstpersönlich mit seiner individuellen Schuld auseinandersetzen.

Den Opfern einen Namen geben

Traumatische Erfahrungen prägen nicht nur diejenigen, die sie unmittelbar erlebt haben, sondern auch die nachfolgenden Generationen. Eine Teilnehmerin meiner Seminare sagte, dass sie fast fünfzig Jahre lang unter der Beziehung zu ihrer Mutter gelitten hatte: »Meine Mutter hat für die Familie alles getan, sie hat mich und meine Geschwister nie vernachlässigt oder gar geschlagen, aber sie hat uns nie geliebt. Sie hat uns Kinder nicht geboren, weil sie uns wollte, sondern weil sie als gläubige Frau das kirchliche Verbot der Abtreibung befolgen musste. Sie selbst hatte ihre Kindheit als Waise in einer Pflegefamilie verbracht. Die Pflegeeltern hatten auch leibliche Kinder, sie war das einzige Stiefkind.

Kurz vor ihrem Tod sprach sie über ein Erlebnis, das Spuren in ihrer Seele hinterlassen hatte: Zum Ende des Zweiten Weltkriegs, als die Bomben der Alliierten über Deutschland fielen, fehlte der Familie Brot, und sie wurde losgeschickt, in den Nachbarhäusern nach Brot zu fragen. Während dieser Besorgung traf sie die Erkenntnis, dass die Eltern niemals eines ihrer leiblichen Kinder hinausgeschickt hätten. Wenn sie selbst jedoch durch die Bomben stürbe, wäre es für die Eltern nicht so schlimm, dachte sie. Nach dieser Geschichte verstand ich ein wenig besser, warum meine Mutter ihre Liebe verloren hatte, ich konnte ihr vergeben und mich mit meiner eigenen Kindheit versöhnen.«

Bezüglich unserer eigenen leidvollen Erfahrungen sind wir selbst die Opfer. Solange wir uns unsere emotionalen Verletzungen nicht eingestehen, sie verdrängen oder verleugnen, wirken sie in uns weiter. Sobald wir sie jedoch benennen, ihnen »einen Namen geben«, beginnt der Heilungsprozess. An dessen Ende steht, sofern wir es wollen, die Vergebung.

Lars und ich hatten für die Woche unseres Aufenthalts im November 2013 in Jerusalem Unterkunft im St. Charles Hospice gefunden, einem von katholischen Ordensschwestern geführten Gästehaus im Deutschen Viertel von Jerusalem. Der Stadtteil verdankt seinen Namen einer Kolonie deutscher Auswanderer aus dem Umfeld der Templergemeinschaft, die sich dort zwischen 1872 und 1910 angesiedelt hatten. Aus dieser Zeit stammt auch das St. Charles Hospice, das ursprünglich ein Pflegeheim für kranke und alte Menschen gewesen war. Auch kümmerten sich die deutschen Nonnen um obdachlose Kinder, denen sie ein Zuhause und eine schulische Ausbildung gaben. Im Laufe der Zeit nahm ihre karitative Tätigkeit zu. Nach dem

Zweiten Weltkrieg pflegten sie eingewanderte deutsche Juden, die die Shoah beziehungsweise den Holocaust überlebt hatten. Und es kamen immer mehr Pilger in das Haus, das sich auf diese Weise vom Pflegeheim zum Hotelbetrieb entwickelte. Daneben unterhält die Gemeinschaft, die derzeit aus sieben deutschen, palästinensischen und rumänischen Schwestern besteht, einen Kindergarten.

Schwester Xaveria ist seit 1952 dabei. Lange Jahre leitete sie das Kloster als Äbtissin. Während eines Abendessens erzählt sie uns von ihren Erfahrungen in den Nachkriegsjahren: »Viele der Menschen, die mangels anderer Einrichtungen zu uns kamen, hatten in den Konzentrationslagern gleichsam die Hölle auf Erden erlebt, eine Hölle, die Deutsche errichtet hatten. Können Sie sich den Schock dieser Menschen vorstellen, als nun wieder Deutsche an ihrem Bett standen? Wie könnte jemand, der den Holocaust überlebt und möglicherweise seine Familie verloren hat, den Deutschen verzeihen? Wie viel innere Größe ist notwendig, um wenige Jahre nach den schrecklichen Erlebnissen zwischen den tatsächlichen Tätern und deren unschuldigen Landsleuten, wie wir es waren, zu unterscheiden? Es war für uns Nonnen sehr, sehr schwer, das Vertrauen unserer Gäste zu gewinnen. Wir haben unsere Pflegearbeit mit Leidenschaft und Demut verrichtet, und die Menschen haben mit der Zeit gemerkt, dass wir Ordensschwestern es ernst meinten mit unserer Nächstenliebe. Es sind sogar viele Freundschaften entstanden.«

86 Jahre ist sie alt, und ihre Augen leuchten, als sie von den Projekten der Klostergemeinschaft erzählt. Besonders stolz ist sie auf den Kindergarten, der von israelischen und palästinensischen Kindern gemeinsam besucht wird.

»Die Generation der fünfzigjährigen Israelis und Palästinenser schafft es nicht, über ihren Schatten zu springen und das Leid zu vergeben, das sie sich gegenseitig in den vergangenen Jahrzehnten zugefügt haben. Die heutigen Erwachsenen sind einfach unfähig, Frieden zu schließen. Aber diese Kinder werden es schaffen!«, sagt sie.

Ich frage Schwester Xaveria, deren letzter Aufenthalt in Deutschland vierzig Jahre zurückliegt, ob sie denn Sehnsucht nach ihrem Heimatland empfinde.

»Ein bisschen ja«, antwortet sie. »Aber Palästina ist meine Heimat geworden. Hier werde ich wohl sterben.«

Ein halbes Jahr nach unserer Reise waren die Chancen, in Palästina zu sterben, beträchtlich gestiegen. Raketen der Hamas schlugen in Tel Aviv und Jerusalem ein. Das israelische Militär revanchierte sich mit Luftangriffen auf den Gazastreifen. Auslöser der Kriegshandlungen waren Morde an vier Teenagern. Radikale Aktivisten der Hamas hatten drei israelische Jugendliche entführt und getötet, danach übten rechtsradikale Israelis Rache, indem sie einen palästinensischen Jungen bei lebendigem Leib verbrannten. Auf beiden Seiten wurden, so wie es immer schon gewesen ist, die schrecklichen Ereignisse von politischen Hetzern und Brandstiftern als willkommener Anlass für die weitere Eskalation genutzt. Der Frieden hat immer nur dann eine Chance, wenn ein oder mehrere Menschen die Macht aus den Händen der Aggressoren zurückerobern, Menschen, die bereit sind zu vergeben, so wie es zum Beispiel Nelson Mandela in Südafrika getan hat. Ich glaube fest daran, dass Friedensstifter letztendlich mächtiger sind als Kriegstreiber, weil in jedem Menschen die Urenergie der Liebe wirkt. Kein Kind kommt hasserfüllt auf diese Welt. Der Hass wird immer erst später gesät. »Selig sind die Sanftmütigen, denn sie werden das Erdreich besitzen«, sagte Jesus (Mt 5, 5). Hass kann verletzen, Hass kann töten, Hass hinterlässt tiefe Wunden. Aber auf Dauer zerfrisst er nur die, die ihn säen.

»Schuld« ist eine offene, noch nicht beantwortete Frage der Vergangenheit. Vergebung der Schuld geschieht, wenn jemand diese Frage beantwortet, indem er die Ver*antwortung* übernimmt. Dies können auch Menschen tun, die

die »schuldige Frage« selbst nicht verursacht haben. Es können Menschen die Verantwortung übernehmen, die im eigentlichen Sinne unschuldig sind. Dieser Schritt erfordert Mut und persönliche Größe.

Konrad Adenauer hat nach dem Krieg als erster deutscher Bundeskanzler die Verantwortung für die Verbrechen des sogenannten Dritten Reichs übernommen. Bereits vor seiner Amtsübernahme schrieb er im Februar 1946 in einem Brief an einen katholischen Geistlichen: »Nach meiner Meinung trägt das deutsche Volk und tragen auch die Bischöfe und der Klerus eine große Schuld an den Vorgängen in den Konzentrationslagern. Richtig ist, dass nachher vielleicht nicht viel mehr zu machen war. Die Schuld liegt früher. Das deutsche Volk, auch Bischöfe und Klerus zum großen Teil, sind auf die nationalsozialistische Agitation eingegangen. Es hat sich fast widerstandslos, ja zum Teil mit Begeisterung [...] gleichschalten lassen. Darin liegt seine Schuld.«[7]

Viele Menschen der Nachkriegsgenerationen waren der Ansicht, man solle die Vergangenheit doch endlich ruhen lassen. Sie wollten sich verständlicherweise nicht schuldig fühlen wegen eines Unrechts, das sie nicht selbst verübt hatten. Ich erinnere mich an einen Urlaub in Belgien, als ich 14 oder 15 Jahre alt war. In einer Imbissbude bestellte ich eine Schale Fritten. Der Mann an der Fritteuse reichte sie mir mit den Worten »Heil Hitler« über den Tresen. Darüber war ich so erbost, dass ich die Schale postwendend wieder zurückwarf, mitten ins Gesicht des Mannes. Beim Dart wären mir fünfzig Punkte gutgeschrieben worden. Überhaupt war ich damals noch sehr sportlich, denn nach dem gelungenen Wurf sprintete ich aus dem Laden und rettete mich so aus der Gefahrenzone.

Heutzutage würde ich als Erwachsener die Schale zwar nicht mehr zurückwerfen, dennoch aber unbezahlt auf dem Tresen stehen lassen. Ich lasse mir nicht vorwerfen, dass ich in Deutschland geboren bin. Im Gegenteil: Ich bin sogar sehr glücklich darüber. Und Gott sei Dank ist das Image der Deutschen in der Welt zurzeit nicht das schlechteste, nicht zuletzt deshalb, weil sich dieses Land mit dem Unrecht der Vergangenheit auseinandergesetzt hat. Dies können nicht alle Nationen von sich behaupten. Die Übernahme der Schuld setzt nicht zwingend voraus, dass man Schuldgefühle empfindet, sondern vielmehr, dass man sich verantwortlich fühlt, die alten Wunden zu heilen. Die »Gnade der späten Geburt«, wie Helmut Kohl es formulierte, ist meines Erachtens auch ein Auftrag, dafür Sorge zu tragen, dass sich das alte Unrecht nicht mehr wiederholen kann.

Beim Landeskriminalamt Düsseldorf befasst sich zurzeit die »Ermittlungsgruppe Nationalsozialistische Gewaltverbrechen« mit den Kriegsverbrechen in Oradour-sur-Glane. Am 10. Juni 1944 hatte eine Kompanie der Waffen-SS das mittelfranzösische Dorf überfallen und 642 Zivilisten umgebracht, 181 Männer, 254 Frauen und 207 Kinder. Fünfzig der Kinder waren unter fünf Jahre alt. Die deutschen Soldaten trieben alle Frauen und Kinder in die Dorfkirche, die sie anschließend anzündeten. Zur Sicherheit warfen sie noch ein paar Handgranaten ins Innere und sprengten den Kirchturm. Die Männer wurden allesamt erschossen. Lediglich sechs Dorfbewohner überlebten das schreckliche Massaker.

Im Jahr 2014 fuhren Beamte des LKA nach Oradour-sur-Glane und recherchierten vor Ort die damaligen Geschehnisse. Die Dienstreise war keine Routine, die Ermittler waren angespannt, da sie nicht wussten, wie die Bewohner von Oradour auf den Besuch von Deutschen reagieren würden.

Was sie dann erlebten, überraschte und rührte sie: Die Angehörigen der Opfer begrüßten sie herzlich und umarmten sie teilweise sogar. Sie waren dankbar für die akribische Arbeit der deutschen Polizisten, die so ermittelten, als wären die Taten gestern und nicht bereits vor Jahrzehnten verübt worden. Alle Beteiligten spürten, dass es nicht allein darum ging, die letzten überlebenden Täter zu überführen und vor Gericht zu stellen, der wahre Sinn war die Heilung alter emotionaler Wunden.

»Die Opfer haben es verdient, dass alles ans Licht kommt. Wir müssen ihnen Namen geben«, sagte der Leiter der Ermittlungsgruppe.

Die gleiche Aufgabe hat sich die Holocaust-Gedenkstätte Yad Vachem in Jerusalem gestellt. Die Bezeichnung »Yad Vachem« (»Denkmal und Name«) bezieht sich auf ein Bibelwort aus dem Buch Jesaja (Jes 56, 5): »Ihnen allen errichte ich in meinem Haus und in meinen Mauern ein Denkmal, ich gebe ihnen einen Namen, der mehr wert ist als Söhne und Töchter: Einen ewigen Namen gebe ich ihnen, der niemals getilgt wird.« Der Rundgang durch die Ausstellung ist sehr bewegend, besonders aufwühlend jedoch ist das »Memorial für die Kinder«, der Teil der Gedenkstätte, der den eineinhalb Millionen jüdischen Kindern und Jugendlichen gewidmet ist, die von den Nazis ermordet worden sind. In dem dunklen Raum leuchten fünf Kerzen, die durch Spiegel reflektiert werden. Man sieht also nicht fünf, sondern scheinbar Tausende Lichter. Im Hintergrund werden von einem Endlostonband fortlaufend die Namen, das Alter und der Geburtsort der Kinder durchgesagt. Wer alle Namen hören wollte, müsste sich drei Monate in diesem Raum aufhalten.

Traumhafte Vergebung: Die inneren Bilder ziehen lassen

Vergebung ist ein emotionaler Heilungsprozess, der auf einer Wandlung der Erinnerung beruht. Alle Bilder, die unsere Augen sehen, lösen Emotionen in uns aus, die uns zum Teil bewusst, zum großen Teil auch unbewusst sind. Manche Emotionen wiegen leichter, andere wiegen schwerer. Jede Gegenwart wird zu einem inneren, gefühlsbeladenen Bild der Vergangenheit. Die bildhaften Erinnerungen wandern quasi vom Kopf in unser Herz. Dort wirken sie als Gefühle weiter. Die leichten Gefühle werden schnell verarbeitet, die schweren brauchen eine Zeit der Heilung.

Der Heilungsweg verläuft nun umgekehrt, also vom Herzen in den Kopf. Die aufsteigenden Gefühle wandeln sich zurück in Bilder. Das Herz lässt die Gefühle los, es vergibt! Dieser Heilungsprozess wird gestört, sobald der

Verstand versucht, die Bilder der Erinnerung zu analysieren, anstatt sie einfach ziehen zu lassen. Der Glaube, dass emotionale Heilung durch Analyse erfolgen kann, verhindert die Heilung selbst. Der Verstand ist, was Gefühle angeht, in jeglicher Hinsicht inkompetent. Er kann sie weder kontrollieren noch heilen, er kann sie nur zeitweise unterdrücken. Doch je länger ihm das gelingt, desto schmerzhafter wird später die Heilung sein. Die Analyse ist das Auseinandernehmen und Wiederzusammensetzen einer Story der Vergangenheit. Die Story ist der Versuch, Kontrolle über die Gefühle zu erlangen. Die Story sucht nach Erklärungen für die Gefühle. Jede Story ist jedoch Illusion, sie ist bestenfalls wie der Finger, der zum Mond zeigt, jedoch niemals der Mond selbst. Wahr sind die Gefühle, nicht die Storys. Demnach hat es keinen Sinn, die eine unwahre Story durch eine neue unwahre Story zu ersetzen. Meine Botschaft, die ich den Meditationslehrern der Dalmanuta-Schule vermittle, lautet: Verweile nicht in den Storys der Leute, sondern hilf ihnen, ihr Herz zu öffnen. Dort und nur dort ist der Ort der Heilung!

Ein weiteres Hindernis für den Heilungsprozess sind Bilderfluten. Je mehr Bilder wir im Außen sehen, desto blockierter ist der Heilungsweg für die inneren Bilder. Die Bilder des Kopfes versperren den Gefühlsbildern, die nach oben steigen wollen, den Weg. Das gilt vor allem für die Bilder, die nicht die unseren sind. Solche Bilder werden uns tagtäglich durch das Fernsehen und das Internet geliefert. Insbesondere in den Nachrichtensendungen werden wir mit vielen optischen Eindrücken konfrontiert, die uns emotional belasten, obwohl sie mit unserem eigenen Leben in der Regel nicht direkt zu tun haben. Viele Nachrichten machen uns traurig und verursachen das Gefühl der Hilflosigkeit. Jeden Tag geschehen hässliche Dinge auf unserem Planeten. Heutzutage können wir über das Internet jede öffentliche Nachricht bis ins kleinste Detail verfolgen. Je mehr wir die Einzelheiten einer düsteren Nachricht recherchieren, desto mehr werden wir hineingezogen in deren Dunkelheit.

Oft höre ich in diesem Zusammenhang den Satz: »Aber man muss doch darüber informiert sein, was in der Welt los ist.« – »Stimmt das wirklich?«, frage ich. Muss man wirklich über alle Gräueltaten auf dieser Welt und jeden Verkehrsunfall in der Region informiert sein? Auch bei den großen Themen sollten wir uns fragen, was wir tun können. Wenn die Antwort lautet: »Nichts«, sollten wir uns nicht über Gebühr mit diesen Themen beschäftigen. Natürlich dürfen und sollten wir Stellung beziehen zu dem Leid und dem Unrecht in dieser Welt und ändern, was wir ändern können; aber wir dürfen nicht gedanklich so an Leid und Unrecht anhaften, dass das Gefühl der Hilflosigkeit uns lähmt und daran hindert, unseren Auftrag zu erfüllen.

Indem wir unsere Talente und Fähigkeiten für das Gute und Schöne einbringen, verändern wir die Welt. Wir sind schöpferische Wesen, und das Einzige, was uns glücklich machen kann, ist das Erschaffen. Wenn wir etwas im Außen entwickeln, entwickeln wir uns selbst. Wenn wir die Welt durch unsere Kreativität reicher machen, bereichern wir uns selbst.

Wir sollten vielmehr achtsam darüber entscheiden, was wir sehen wollen und was nicht. Wir sollten uns mehr Zeit für die Bilder nehmen, die wirklich zu unserem Leben gehören. Wenn wir uns jeden Tag für mehrere Stunden zum Beispiel Bilder von Schlachthöfen anschauten, würden diese Bilder etwas in uns anrichten. Das heißt nun nicht, man solle Realitäten oder Missstände – auch solche, die uns mittelbar betreffen – ignorieren und nichts gegen sie tun. Aber wenn es bei der Betrachtung bliebe, veränderten solche Bilder uns auf schädliche Weise. Diesen Effekt können wir in umgekehrter Weise nutzen, indem wir uns Zeit für die schönen Bilder nehmen. Wenn wir beispielsweise jeden Tag mehrere Stunden unseren Blick auf das Meer oder in den Himmel richteten, würden uns auch diese Bilder verändern, jedoch auf heilsame Weise. Im Übrigen ist der Blick in den Himmel wahres »Fern-Sehen«!

In dem Moment des Erlebens atmen wir das äußere Bild des Augenblicks ein, später atmen wir es als Erinnerung wieder aus. Wir dürfen den Prozess des Ausatmens nicht dadurch verhindern, dass wir uns nur auf das Einatmen immer neuer Bilder konzentrieren. Mit dem Bild der Erfahrung atmen wir auch das entsprechende Gefühl ein. Viele Gefühle streben danach, geheilt zu werden. Dieser Heilungsprozess erfolgt durch die Erinnerung der alten Bilder. Dafür müssen wir uns Zeit nehmen, denn die heilungsbedürftigen Gefühle beeinflussen nicht nur unser seelisches, sondern auch unser körperliches Wohlbefinden. Wir müssen uns Zeiten des Rückzugs aus dem hektischen Alltag nehmen. Sobald wir die Zufuhr an äußeren Bildern reduzieren, beginnt der Klärungsprozess in unserem Innern. Klarheit erfordert Leere. Je mehr Bilder aus unserem Innern hochsteigen, desto leerer und klarer werden wir.

Diese Funktion der »Bilderleerung« übernehmen die Träume, wenn wir schlafen. In der Meditation können wir diesen Prozess bewusst erfahren. Manche Menschen haben unbewusst Angst vor der Leere und lenken sich deshalb ständig ab. Wo sie gehen und stehen, hören sie Radio, schauen Fernsehen oder hantieren mit ihren

Smartphones. Sie können sich selbst nicht aushalten, weil sie ihre vermeintlich unangenehmen Gefühle fürchten. Um diesen auszuweichen, suchen sie Ablenkung und unterdrücken so eine mögliche Heilung. Wenn unsere Wunden zu heilen beginnen, spüren wir zuerst den Schmerz. Wir fühlen, was wir zu vergeben haben.

Manchmal können wir erleben, dass uns auf leichte Weise ein Schuldgefühl genommen wird, zum Beispiel im Traum, so, wie es meine Mutter erfahren hat.

Sie erzählte: »Im Jahr 1948, ich war zwölf Jahre alt, starb mein Vater, den ich sehr liebte. Durch seine lange Krankheit bekam meine Mutter nur eine kleine Rente, von der allein sie uns nicht hätte durchbringen können. Sie ging deshalb in einer kleinen Gaststätte putzen.

Eines Tages bot Hermann Mathee, der ein ehemaliger Kollege meines Vaters gewesen war, meiner Mutter an, dass sie statt der Arbeit in dem Lokal für ihn kochen und die Wohnung sauber halten könnte. Sie nahm das Angebot gern an, und so gingen wir immer nach Schulschluss zu ihm essen. Mein älterer Bruder lebte bei uns zu Hause in einem separaten Zimmer. Er war inzwischen Vater zweier Kinder, und die Wohnung war für alle einfach zu eng geworden. Deshalb machte Hermann Mathee, der selbst Witwer war, den Vorschlag, dass mein Bruder mit seiner Familie in seine Wohnung ziehen könne. Er selbst würde dann in dem Zimmer meines Bruders leben.

So geschah es auch, und das gefiel mir ganz und gar nicht. Ich war eifersüchtig auf ihn und verglich ihn mit meinem geliebten Papa, den er weder ersetzen konnte noch wollte. Das merkte er natürlich an meinem Verhalten, aber er war immer nett zu mir, sorgte dafür, dass meine Mutter mir alle Wünsche, wenn es ging, erfüllte. Er war ein ruhiger, ausgeglichener Mann. Niemals sagte er ein böses Wort zu mir.

Als ich mit 16 Jahren mit meiner Freundin zum Tanzen gehen wollte, verbot dies meine Mutter, aber er sagte zu ihr: ›Dann gehen wir einfach mit und trinken dort ein Glas Wein, und die Kinder können sich beim Tanz vergnügen.‹

Er war also Jahr um Jahr immer lieb und nett zu mir, und ich blieb ihm gegenüber dennoch immer reserviert. Er starb mit 85 Jahren, da war ich schon lange verheiratet und hatte einen zwölfjährigen Sohn, den er liebte wie seinen eigenen Enkel.

All die Jahre nach seinem Tod hab ich mir mit zunehmendem Alter viele Gedanken darüber gemacht, wie undankbar und auch kränkend ich zu ihm war. Das ging mir nicht mehr aus dem Kopf und hat mich immer mehr geplagt. Eines Nachts träumte ich von ihm so plastisch, dass ich dies nie vergessen werde. Ich ging im Traum auf mein Elternhaus zu, und er kam aus der Tür. Wir schauten uns an, und er nahm mich in die Arme und sagte nichts. So standen wir eine Weile.

Seit dieser Zeit fühle ich mich befreit. Ich weiß nun, dass er immer für mich Verständnis aufbrachte. Diese Umarmung war für mich ein Akt der Vergebung, und ich bin überzeugt davon, dass dieser Traum so real war, wie nur irgendetwas real sein kann.«

Was wir beherzigen sollten – Merksätze I

Niemand von uns ist ohne innere Wunden. Solange wir fühlen können, werden wir auch Schmerz empfinden, solange wir denken können, werden wir auch leidvolle Gedanken haben, und solange wir handeln können, werden wir manches Mal auch Täter sein.

Wir können Vergebung nicht erzwingen, können sie nicht erwarten, und sie nicht einfordern. Sie findet statt.

Wir haben die Erlaubnis zu vergeben, wir haben jedoch auch die Erlaubnis, es nicht zu tun. Es ist okay!

Jede Form der Vergebung ist immer zugleich auch Selbstvergebung. Der sündige Gott vergibt sich selbst. Niemand anders kann das für ihn erledigen.

Wir dürfen nicht weglaufen, sondern müssen uns den Themen stellen, die uns belasten. Es gibt kein Entkommen vor uns selbst.

Wir können nicht alle Verfehlungen von vornherein ausschließen, präventive Vergebung gibt es nicht.

Wenn wir Vergebung für uns selbst in Anspruch nehmen, sollten wir auch die Großmut besitzen, anderen zu vergeben.

Wir sollten beim Rückblick auf unsere Vergangenheit nicht darüber nachsinnen, was wir oder andere alles *hätten* besser oder anders machen können. Diese Art des Konjunktivs ist die Sprachform der Schuldzuweisung ...

Wir sollten immer wieder über uns selbst reflektieren, uns aber niemals verurteilen. Wir dürfen den inneren Gerichtssaal verlassen!

Wir sollten jeden Tag mindestens einmal mit uns selbst ins Reine kommen. Aber wir sollten nicht den Anspruch haben, »allen alles« zu verzeihen. Wir dürfen uns gelegentlich erlauben, äußerst ärgerlich zu sein.

Der Prozess der Vergebung ist, wie auch die emotionalen Verletzungen selbst, eine höchst persönliche Angelegenheit. Niemand außer uns selbst ist kompetent bezüglich unserer eigenen Verletzungen und Schuldgefühle.

Wir sollten nicht in den Storys der Leute verweilen, sondern ihnen helfen, ihr Herz zu öffnen. Dort und nur dort ist der Ort der Heilung!

II. Die drei Schlüssel zur Vergebung oder Das Dalmanuta-Prinzip

»Und ich will dir des Himmelreichs Schlüssel geben: Alles, was du auf Erden binden wirst, soll auch im Himmel gebunden sein, und alles, was du auf Erden lösen wirst, soll auch im Himmel gelöst sein.«
Mt 16, 19

Tor zum Himmel, Tor zum Herzen, Tor zur Welt

Der *Himmel* symbolisiert die Liebe als Urenergie des Lebens. Das *Herz* symbolisiert den Raum in uns, in dem die Urenergie wirkt. Die *Welt* symbolisiert den Raum um uns, in dem wir wirken.

Das Dalmanuta-Prinzip beschreibt die »Aufgeschlossenheit« als Grundvoraussetzung für die Heilung emotionaler Verletzungen: Wir dürfen uns nicht der einzigen Kraft verschließen, die Heilung bewirken kann. Diese

Heilkraft ist die Liebe. Die Quelle der Liebe ist nicht irdisch, sondern wahrhaft himmlisch. Als Zweites braucht die Kraft einen aufgeschlossenen Raum in uns, wo sie wirken soll. Hier, in unserem Herzen, verwandelt sich die Liebe in Vergebung. Doch dort ist nicht die Endstation, die Kraft der Liebe will sich weiter nach außen entfalten. Wir alle haben den Auftrag, die Liebe in die Welt zu tragen. Jeder an seinem Platz und jeder auf seine Weise.

Die Tore zum Himmel, zum Herzen und zur Welt müssen offen sein, damit Heilung und Vergebung stattfinden können.

Als Reinhard, von dem am Anfang dieses Buches die Rede war, vor seinem Vater kniete, öffnete sich für ihn das Tor zum Himmel. Alle Bemühungen und Anstrengungen zuvor, Vergebung zu erlangen, waren gescheitert. Doch in diesem Moment, in dem Reinhard keine Vergebung erwartete, geschah sie. Die Zeit dafür war einfach gekommen, so wie es nach einem langen Winter Frühling wird. Der Satz seines alten Herrn – »Ich weiß sehr wohl, was du für mich tust, und ich danke dir dafür« – brachte Reinhard für einen Augenblick völlig aus dem Konzept. Zum ersten Mal in über fünfzig Jahren hatte ihn der Vater gelobt und sich bei ihm bedankt. Die Worte des Alten hatten dem Sohn für einen Moment gleichsam den Verstand geraubt. In diesem Augenblick öffnete sich auch das Tor zu seinem Herzen, er fühlte, was für ihn zuvor unmöglich gewesen war: Mitgefühl für seinen Vater.

Wenige Wochen später starb der Vater. Reinhard sagte mir, er sei glücklich und dankbar dafür, dass er noch vorher Frieden mit ihm schließen konnte. Diese Erfahrung habe sein Selbstwertgefühl gestärkt, er begegne nun auch anderen Menschen selbstbewusster. Er habe die Rolle des kleinen, ungeliebten Jungen endgültig abgelegt. Als Reiki- und Meditationslehrer gibt er seine Erfahrungen nun an andere Menschen weiter. Auf diese Weise profitiert die Welt von seiner Heilung.

Vergebung bedeutet die Heilung emotionaler Verletzungen. Jedoch ist Heilung mehr als nur Vergebung. Das Wort »heil« ist ein anderer Ausdruck für »ganz«, »heil sein« bedeutet »ganz sein«. Heilung ist also ein Prozess der Ganzwerdung, in dem wir uns alle fortwährend befinden, unabhängig davon, ob wir gerade Schuldgefühle empfinden respektive uns emotional verletzt fühlen oder nicht. Der Prozess der Ganzwerdung kommt nie zum Stillstand, das Wesen des Lebens ist ewige Bewegung und Veränderung. Der Prozess kann von uns nie ganz gestoppt, wohl aber zeitweise blockiert werden, nämlich wenn wir eins der Tore verschließen. Die Blockade spüren wir dann in einem Bereich unseres Lebens, beispielsweise im Bereich der körperlichen Gesundheit – oder aber im Bereich unserer Partnerschaft, unseres Berufs und so weiter. Sobald die Tore wieder geöffnet sind, kommt im wahrsten Sinne des Wortes alles erneut in Fluss, indem wir beispielsweise gesunden, uns neu verlieben oder aber wieder Freude an unserem Beruf empfinden. Das Gute ist, dass sich die Tore immer wieder von allein öffnen. Wir brauchen nicht viel dafür zu tun, außer sie offen zu halten.

Das Tor zum Himmel halten wir offen, indem wir uns dem Licht über uns zuwenden und unser eigenes inneres Licht zum Leuchten bringen.

Das Tor zum Herzen halten wir offen, indem wir weniger analysieren und kontrollieren, sondern stattdessen unsere Emotionen fließen lassen.

Das Tor zur Welt halten wir offen, indem wir mutige Entscheidungen treffen und sie anschließend konsequent umsetzen.

Warum wir die Tore schließen oder Fürchtet euch nicht!

Der Grund, weshalb wir die Tore immer wieder verschließen, ist schlicht und ergreifend die Angst vor dem, was geschehen könnte, wenn die Tore offen sind. Was könnte passieren, wenn die Liebe uneingeschränkt durch unser Leben flösse? Was könnte passieren, wenn wir unser Herz vollständig für Emotionen öffneten? Was könnte passieren, wenn wir uns voll und ganz auf die Welt einließen, so, wie sie ist? Die Antwort lautet: Wir könnten verletzt werden!

Geschlossene Tore schränken uns zwar in der Bewegungsfreiheit ein, andererseits verhindern sie, dass unerwünschter Besuch zu uns kommen kann. Kein Feind kann eindringen, wenn die Tore verschlossen sind. Ebenso sorgen geschlossene Tore dafür, dass der Bereich, in dem wir uns aufhalten, übersichtlich bleibt. An Grenzen können wir uns orientieren. Wir behalten den Überblick und somit die Kontrolle. Wer den Überblick über seinen Herrschaftsbereich verliert, verliert auch die Kontrolle. Wie könnten wir die unendliche Weite des Himmels kontrollieren?

Indem wir uns gedanklich die Geschichten unserer Sorgen und Probleme erzählen, begrenzen wir unsere Erfahrungswelt. Indem wir analysieren, wie eine Situation oder ein Zustand war, ist oder möglicherweise werden könnte, festigen wir die Bilder, die wir uns vom Leben und von uns selbst gemacht haben. Auf diese Weise schaffen wir die Grenzen, innerhalb deren wir vermeintlich den Überblick und die Kontrolle behalten. Denn im Gegensatz zu den Gedanken können wir unsere Gefühle nicht festhalten. Sobald wir ein Gefühl in uns realisieren, hat es sich bereits verändert, und manchmal kommt es uns so vor, als führen unsere Emotionen mit uns Achterbahn. Sobald sie fließen, machen sie sich selbstständig, wir haben keinerlei Kontrolle mehr über sie.

Ein Seminarteilnehmer erzählte mir, dass er die Kontrolle über sein Leben verloren habe. Im Außen hätte er alles im Griff: Der Job, die Familie, alles sei okay. Dennoch sei er innerlich labil, er habe oft mit den Tränen zu kämpfen, Freude und Traurigkeit wechselten sich manchmal in schnellem Tempo ab.

»Sei beruhigt«, sagte ich zu ihm. »Du hast deine Kontrolle nicht verloren. Wie könntest du etwas verlieren, was du nie gehabt hast? Oder hast du etwa deine Geburt kontrolliert? Wenn du noch nicht mal den Anfang deines Lebens kontrollieren konntest, woher nimmst du dann den Glauben, alles Weitere kontrollieren zu können?«

Die Angst zeigt sich in unterschiedlichen Qualitäten: Wir haben vor vielem Angst: Angst vor Veränderung, Angst vor Trennung, Angst vor Verlust, Angst vor Schmerz, Angst vor dem Unbekannten und so weiter. Der eine Mensch hat mehr von dieser, der andere mehr von jener Sorte. Dies ist nicht zu ändern, Ängste kommen und gehen wie Ebbe und Flut. Wir können die Angst in unserem Leben nicht ausrotten, da sie wichtige Funktionen erfüllt. Eine davon ist, bei uns Mut und Zuversicht zu erwecken.

Ein Soldat der Bundeswehr, langjähriges Mitglied eines Einsatzkommandos, hielt einen Vortrag über seine vielen, teilweise hochgefährlichen Einsätze im Ausland. Einer der Zuhörer lobte seinen Mut und fragte, ob er denn nicht auch manchmal Angst spüren würde. »Gerade weil ich Angst habe, brauche ich den Mut«, antwortete der Soldat.

Wir halten also die Tore nicht offen, indem wir die Angst abschaffen. Das wird uns nicht gelingen. Wir halten die Tore vielmehr offen, indem wir nicht allen Gedanken, die uns Angst machen, glauben! Manchmal malen wir in unserer Vorstellung ein Gespenst und beginnen, uns vor ihm zu fürchten. Eine Frau im hohen Alter sagte einmal, dass sie ihr ganzes Leben damit verbracht habe, Befürchtungsszenarien zu kreieren. Alles Mögliche habe sie befürchtet: Sie könnte schwer erkranken, Familienangehörige könnten bei Unfällen sterben und so weiter und so fort. Jetzt, in den letzten Jahren ihres Lebens, stelle sie fest, dass 99 Prozent ihrer Befürchtungen niemals eingetreten sind.

Die Botschaft lautet also: Lass dich von deiner Angst nicht einschüchtern, sondern lerne, mit ihr umzugehen. Manchmal können meditative Techniken helfen. Wir können uns zum Beispiel vorstellen, wie wir einen Lappen nehmen und das selbst gemalte Gespenst wieder auswischen. Eine sehr wirkungsvolle Übung ist beispielsweise »Die Dalmanuta-Handübung bei Angst und Befürchtung«, die noch beschrieben wird (siehe auch das »Verzeichnis der Techniken, Meditationen und Übungen« im Anhang dieses Buches).

Eine Prophylaxe gegen Angst gibt es jedoch nicht. Wir werden niemals völlig angstfrei leben können. Alle Gurus, die ihren Schülern dieses Versprechen geben, lügen. Denn die Angst hat oftmals auch die Aufgabe, uns sanfter und weicher zu machen, damit das Leben uns wieder formen kann und wir uns weiterentwickeln können.

»Das Wesen des Lebendigen ist das Sanfte, das Wesen des Todes ist das Starre«, sagte einst Laotse. Ich persönlich habe für mich festgestellt, dass ich in den Zeiten, in denen ich mir und meiner Sache allzu sicher war, stagnierte.

Das Gefühl der Sicherheit gaukelte mir vor, dass ich »alles unter Kontrolle« hätte. Meine persönliche Entwicklung kam erst in dem Augenblick wieder in Fluss, als ich das Gefühl der inneren Sicherheit verlor und ich wieder begann, mich vor allem und nichts zu fürchten. Ich wurde furchtsamer, aber auch lebendiger.

In der Furcht beginnen wir wieder zu suchen, wir suchen einen Ausweg aus der Angst. Diese immer wiederkehrende Suche führt uns zu neuen Entdeckungen.

Wir haben Angst vor dem Ungewissen, vor dem, was im Dunkeln liegt. Das ist natürlich, und daran ist auch nichts falsch. Die Dunkelheit ist unkontrollierbar und deshalb bedrohlich. Wir können das Unbekannte, das auf uns zukommt, nicht beherrschen, es konfrontiert uns mit unserer Hilflosigkeit und Ohnmacht. Die ungewisse Zukunft ist die Dunkelheit vor uns, zugleich haben wir Angst vor unserer inneren Dunkelheit, vor dem, was in uns verborgen liegt. Viele Verletzungen haben wir in die Dunkelheit unseres Unterbewusstseins verdrängt und bemühen uns, sie dort zu belassen.

Immer wieder erlebe ich in den Seminaren, dass Menschen Tränen unterdrücken, sobald emotionale Erinnerungen aus ihrem Unterbewusstsein aufsteigen. Auch fürchten wir die Dämonen unserer Triebe und Gelüste, die uns vermeintlich ins Verderben führen könnten, sobald wir die Zügel der Kontrolle lockern würden. In der Meditation richten wir das Licht der Achtsamkeit auf das Verborgene in uns. Wir treten in Kontakt mit den Dämonen und gestatten ihnen, ins Licht unseres Bewusstseins aufzusteigen. Sobald sie aus der Dunkelheit emporgestiegen sind, erscheinen sie uns nicht mehr bedrohlich. Sie wandeln sich vom Unbekannten ins Bekannte. Wir lernen sie kennen und manchmal sogar lieben.

In der Dunkelheit des Unbewussten jedoch verbergen sich nicht nur schmerzhafte Erinnerungen und unterdrückte Triebe, sondern auch Fähigkeiten und Talente. Wir verfügen über ein Potenzial, dessen wir uns nicht bewusst sind. »Unsere größten Ängste sind die Drachen, die unsere tiefsten Schätze bewahren«, sagte Rainer Maria Rilke. Das Dilemma ist: Sobald wir uns trauen, die verborgenen Schätze zu bergen, bergen wir zugleich die schmerzhaften Erinnerungen. Sobald wir unser verborgenes Potenzial hervorbringen, bringen wir damit auch die unterdrückten Begierden hervor. Einen Ausweg gibt es nicht. Sobald wir in einem dunklen Raum das Licht einschalten, sehen wir alles, was sich in diesem Raum befindet, wir können das Licht nicht selektiv für das einschalten, was uns darin gefällt. In diesem Sinne haben wir nicht Angst vor der Dunkelheit, sondern vielmehr Angst vor dem Licht.

Die spirituelle Lehrerin Marianne Williamson sagte: »Unsere tiefste Angst ist nicht die, dass wir unzulänglich sind. Unsere tiefste Angst ist die, dass wir über die Maßen machtvoll sind. Es ist unser Licht, nicht unsere Dunkelheit, das uns am meisten erschreckt. Wir fragen uns: Wer bin ich denn, dass ich so brillant, großartig, talentiert, fabelhaft sein sollte? Aber wer sind Sie denn, dass Sie es *nicht* sein sollten? Sie sind ein Kind Gottes. Wenn Sie sich kleinmachen, dient das der Welt nicht. Es hat nichts von Erleuchtung an sich, wenn Sie sich so schrumpfen lassen, dass andere Leute sich nicht mehr durch Sie verunsichert fühlen. Wir sollen alle so leuchten wie die Kinder. Wir sind dazu geboren, die Herrlichkeit Gottes in uns zu manifestieren. Sie existiert in allen von uns, nicht nur in ein paar Menschen. Und wenn wir unser eigenes Licht leuchten lassen, erlauben wir auch unbewusst anderen Menschen, das Gleiche zu tun. Wenn wir von unserer eigenen Furcht befreit sind, befreit unsere Gegenwart automatisch auch andere.«[8] Diese Worte wurden durch Nelson Mandela weltberühmt, er zitierte sie 1994 in seiner Antrittsrede.

Das Licht der Werterfüllung: Wofür brennst du?

»Was bringt dein inneres Licht zum Leuchten?«, fragte ich bei einem Meditationsabend einmal in die Runde.

»Das Lachen meines Kindes«, sagte eine Frau. Sie erzählte von ihrem Sohn Yannik, der mit offenem Rücken geboren worden war: »Lange Zeit war nicht klar, ob mein kleiner Junge eine Chance hatte zu leben. Als er auf der Intensivstation lag, sagte ich den Ärzten, dass sie im Fall des Falles keine Reanimationsmaßnahmen einleiten sollten. Daraufhin drehten sich mehrere Ärzte wortlos um und wandten sich von mir ab. Ich kam mir absolut schäbig vor.

Dann ging ich an das Bett meines Sohnes und sagte ihm: ›Wenn du gehen willst, darfst du gehen, ich werde dich nicht dazu zwingen, ein Leben zu leben, das du nicht leben willst. Aber wenn du dich entscheidest zu bleiben, werde ich immer für dich da sein und alles, was in meiner Macht steht, für dich tun.‹

In diesem Moment kam der Chefarzt in das Zimmer, legte die Hand auf meine Schulter und bedankte sich bei mir. ›Ihr Entschluss ist sehr mutig und erleichtert unsere Arbeit enorm. Denn manchmal müssen wir Ärzte den

Kindern Schmerzen zufügen, obwohl es nach unserer Einschätzung keinen Sinn hat‹, sagte er.

Seine Worte taten mir gut, ich kam mir nun nicht mehr ganz so schäbig vor. Dennoch war ich verzweifelt und haderte mit dem Schicksal. Im gleichen Zimmer lag ein kleines Mädchen, dem es noch schlechter als Yannik ging. Eines Tages sagte deren Mutter zu mir: ›Ihr Sohn kann im Gegensatz zu meiner Tochter lachen.‹ Und sie hatte recht. Mein Sohn strahlte, wenn er mich sah, seine Augen leuchteten, wenn ich an sein Bett kam. Doch in all meinem Hadern hatte ich sein Lachen nie registriert, ich bemerkte es erst, als mich die Mutter des kleinen Mädchens darauf aufmerksam machte. Mittlerweile ist Yannik fünfzehn Jahre alt, und er strahlt immer noch.«

Das innere Licht wird im Herzen angezündet, und es leuchtet in den Augen. An den Augen können wir erkennen, ob das Lächeln eines Menschen wahrhaftig oder künstlich ist. Leben, Liebe, Lachen, Licht sind die vier berühmten Wörter mit dem Buchstaben »L«. Das fünfte wichtige Wort mit diesem Anfangsbuchstaben heißt »Leidenschaft«. Sie ist das Feuer der Begeisterung, das in einem Menschen lodert. Die Leidenschaft ist die Antwort auf die Frage »Wofür brenne ich?«. Auch das innere Feuer eines Menschen können wir in seinen Augen sehen.

Alles, was ist, strebt nach Werterfüllung. Unsere eigene Werterfüllung ist gleichsam der göttliche Auftrag, den wir gemäß unseren Fähigkeiten, Talenten und Möglichkeiten hier auf der Erde zu erfüllen haben. Wir sollen unser Potenzial in die Welt tragen, damit nicht nur wir selbst, sondern auch andere davon einen Nutzen haben. Die Botschaft lautet: Begeistere andere von dem, was dir selbst die größte Freude bereitet! Ein chinesisches Sprichwort sagt: »Ein Licht, das nur für sich selbst leuchtet, ist in Wahrheit Finsternis.« So wie sich viele Pflanzen immer nach der Sonne ausrichten, strebt etwas in uns immer nach dem Licht der Werterfüllung. Manche aber folgen diesem inneren Drang nicht, weil sie entweder ihre Fähigkeiten und Talente nicht kennen oder aber glauben, diese nicht ausleben zu können beziehungsweise nicht ausleben zu dürfen. Solche Menschen leben in ständiger innerer Zerrissenheit, weil ein Teil in ihnen sich verzweifelt bemüht, der Richtung des Lichts zu folgen, während ein anderer Teil unbedingt in der schattigen Komfortzone bleiben will.

Umgekehrt mangelt es uns an denjenigen Fähigkeiten und Talenten, die nicht mit unserem Werterfüllungsplan in Einklang stehen. Ein Mensch, der sich dauerhaft und ausschließlich mit Aufgaben konfrontiert sieht, die zu meistern er sich verpflichtet fühlt, jedoch aufgrund mangelnden Potenzials nicht leisten kann, ist überfordert und driftet dem sogenannten Burn-out entgegen.

Ein Seminarteilnehmer zum Beispiel hatte jahrzehntelang den einst vom Vater gegründeten Metzgereibetrieb weitergeführt, obwohl er überzeugter Vegetarier war. Jeden Tag musste er sich selbst und die Mitarbeiter für eine Aufgabe motivieren, die nicht seiner persönlichen Wahrheit entsprach. Er arbeitete täglich zwölf Stunden in dem eigenen Unternehmen, das innerlich nicht seines war. Dann beschloss er, zumindest einen Teil seiner Wahrheit zu leben, und bot mittags einen vegetarischen Mittagstisch für seine Kunden an. Er schmiss ein paar Fleischtheken raus und stellte dafür Tische mit Stühlen auf. Das Konzept, die alteingesessene Fleischerei in ein vegetarisches Restaurant mit Wursttheke umzuwandeln, ging jedoch nicht auf. Die Anzahl der Stammkunden verringerte sich aufgrund des im wahrsten Sinne des Wortes abgespeckten Sortiments, sie wollten Fleisch und kein Gemüse. Und neue Kunden kamen nicht, da Vegetarier nur selten ihr Essen in Metzgereien suchen.

Die persönliche Wahrheit duldet keine Kompromisse! Wir können etwas nur ganz oder gar nicht lieben, »gedämmte« Liebe gibt es nicht. (Das gilt im Übrigen auch für Partnerschaften: »Schatz, ich liebe dich zu 49 Prozent ...« funktioniert eher schlecht.)

Einmal fühlte sich ein »ausgebrannter« Zuhörer von mir beleidigt, als ich während eines Vortrags sagte: »Die meisten Menschen, die unter einem Burn-out leiden, haben die Voraussetzung für ein Burn-out gar nicht erfüllt, weil sie nie gebrannt haben!« Mit diesen Worten wollte ich keinesfalls ausdrücken, dass ich den Zuhörer für einen Hypochonder hielt, sondern dass der Name des Syndroms meines Erachtens falsch gewählt ist. Menschen, die für eine Sache wirklich brennen, können zwar bis zur körperlichen und emotionalen Erschöpfung arbeiten, werden jedoch durch einen drei- oder meinetwegen auch sechswöchigen Urlaub wieder zu Kräften kommen. Wer jedoch monate- oder sogar jahrelang aufgrund eines Überlastungssyndroms handlungsunfähig ist, hat für seine Aufgabe schon lange nicht mehr gebrannt. Es war nicht das Feuer der eigenen Wahrheit, für das man bis zur totalen Erschöpfung gearbeitet hat. Es mag durchaus sein, dass es früher einmal die eigene Wahrheit gewesen war, aber ab einem gewissen Zeitpunkt eben nicht mehr. Wer diesen Zeitpunkt erkennt und dann eine Richtungsänderung vornimmt, entgeht dem emotionalen Zusammenbruch. Auch in diesem Zusammenhang ist das Eingeständnis der erste Schritt: »Ich gebe zu, dass ich überfordert bin!«

Sobald wir beginnen, unserem eigenen Licht zu folgen, lösen wir uns aus der Anhaftung an fremde oder falsche Wahrheiten. Manche halten es für leichter, sich in den Glanz eines anderen zu stellen. Wer jedoch glaubt, sich im Lichte eines anderen zu sonnen, steht in Wahrheit nur in dessen Schatten. Ich denke nicht, dass wir im Schatten eines anderen Menschen glücklich werden können. Der alte Goethe sagte, dass es nicht nur unser Recht sei, das Licht in uns selbst anzuzünden, sondern sogar unsere Pflicht: »Ich glaube, dass wir einen Funken jenes ewigen Lichts in uns tragen, das im Grunde des Seins leuchten muss und welches unsere schwachen Sinne nur von Ferne ahnen können. Diesen Funken in uns zur Flamme werden zu lassen und das Göttliche in uns zu verwirklichen, ist unsere höchste Pflicht.«[9]

Wir dürfen uns gestatten, ein »Highlight« des Lebens und der Liebe zu sein. Dabei müssen wir uns bewusst sein, dass wir in diesem Fall selbst Schatten werfen. Je stärker wir unser Licht leuchten lassen, desto größer wird auch unser Schatten. Dies ist unvermeidbar. Manche Menschen möchten vermeiden, dass ein anderer in ihrem Schatten steht, und halten deshalb ihr Licht auf Sparflamme. Dahinter stecken meist unbewusste Glaubenssätze, die oftmals in der Kindheit gesetzt wurden. »Was glaubst du eigentlich, wer du bist?«, »Gib nicht so an!«, »Stell dich nicht immer in den Mittelpunkt« … So und ähnlich lauten die auf diese Weise prägenden Belehrungen. Einige Sprichwörter raten dazu, das eigene Licht lieber unter den Scheffel als auf den Leuchter zu stellen. »Wer hoch hinauswill, kann tief fallen« oder »Lieber den Spatz in der Hand als die Taube auf dem Dach« sind die einschlägigen Phrasen.

Auch die Orientierung an »guten Vorbildern« kann dazu führen, dass sich jemand lediglich mit der eigenen Unzulänglichkeit konfrontiert sieht, weil er die Strahlkraft der idealen Lichtgestalt vermeintlich nie erreichen kann. Wir sollten uns lieber auf das eigene Potenzial besinnen, statt uns mit anderen zu vergleichen. Und wenn wir uns unsere schmerzhaften Gefühle und manchmal auch unsere Verfehlungen eingestehen müssen, sollten wir uns darüber hinaus regelmäßig unseren Wert und unsere Begabungen in Erinnerung rufen. Nur so lösen wir die Anhaftung an den Glauben von unserer vermeintlichen Unzulänglichkeit. Wir versündigen uns nicht nur dadurch, dass wir etwas Schlimmes tun, sondern auch dadurch, dass wir es unterlassen, das Gute hervorzubringen, das in uns steckt. Wir sollten uns trauen, beides ans Licht zu bringen – das Gute wie das Schlechte, das Angenehme wie das Unangenehme.

»Ich war etwa anderthalb Jahre alt, konnte gerade laufen«, erzählte Stefanie während unserer Reise zum See Genezareth. »Ich spielte mit meiner älteren Schwester vorm Haus. Wir wohnten in einer Sackgasse, es gab kaum Autoverkehr, sodass das Spielen vor dem Haus normalerweise keine Gefahr für uns bedeutete. An diesem Tag war es jedoch anders. Die Straße vor unserem Haus wurde geteert, und ich meine, mich vage an den Geruch und das Bild des dampfenden Teers sowie der großen Teerwalze erinnern zu können. Es war Sommer, und ich trug die wohl ersten festen Schuhe meines Lebens. Ich erinnere mich daran, dass ich damals den Drang verspürte, unbedingt barfuß laufen zu wollen, aber irgendwie wusste ich auch, dass ich das nicht durfte. Außerdem war ich noch nicht in der Lage, mir meine Schuhe selbst auszuziehen. Doch dieser Wunsch in mir war so groß, und ich ging zu meiner Schwester, sagte ihr, dass ich Steine im Schuh hätte, obwohl dies nicht stimmte. Nur damit sie mir half, meine Schuhe auszuziehen. Das tat sie dann auch. Ich nutzte die Gelegenheit, sprang auf und rannte voller Freude, endlich frei und mit nackten Füßen loslaufen zu können, einfach drauflos. Ich lief geradewegs auf den heißen Teer.

An die Zeit danach und daran, was dann passierte, habe ich keine Erinnerungen mehr. Ich bin mit einem Rettungswagen ins Krankenhaus gefahren worden, wo ich dann ärztlich versorgt wurde. Niemand von meiner Familie durfte zu mir ins Zimmer kommen. Auch meine

Mutter nicht. Sie konnte mich nur durch ein kleines Fenster in der Tür sehen. Ich fühlte mich sehr allein.

Diese Erfahrung hatte ich total verdrängt, erst im Januar 2011 kam die Erinnerung an dieses Ereignis in mein Bewusstsein zurück. Ich befand mich in der Meditations- und Reikilehrer-Ausbildung bei Peter, und wir Schüler bereiteten uns so langsam auf unseren Lehrerabschluss vor. Im gleichen Jahr hatten wir noch mal neu gebaut, uns einen Traum erfüllt. Ich konnte meinen eigenen Meditationsraum im Haus mit einplanen. Es war alles fertig, meine Flyer, meine Homepage und endlich auch der Meditationsraum, in dem ich meine Workshops halten wollte. Der erste Meditationsabend im eigenen Raum war terminiert. Ich war stolz und freute mich darauf, endlich loszulegen!

Dann geschah etwas, womit ich niemals im Leben gerechnet hätte: Plötzlich, wie aus heiterem Himmel, hörte ich eine Stimme in meinem Kopf, die mir immer wieder die Frage stellte: ›Stefanie, was willst du? Was willst du?‹ Genau mit dieser Frage hatten wir Lehrer in der Ausbildung uns eine Woche zuvor beschäftigt. Meine Antwort war: ›Na klar, ich weiß genau, was ich will: Ich will Meditations- und Reikilehrerin werden!‹ Und nun, als diese Stimme in meinem Kopf mir wieder diese Frage stellte, wusste ich auf einmal keine Antwort mehr. Ich wusste einfach nicht mehr, was ich wirklich wollte! Ich war wie vor den Kopf gestoßen, verstand die Welt nicht mehr, war total verzweifelt und brach in Tränen aus.

Dies ging circa zwei Wochen so. Jeden Tag saß ich in meinem Meditationsraum und heulte. Dann kam sie wieder, diese Frage: ›Stefanie, was willst du?‹, und plötzlich schoss mir ein Gedanke durch den Kopf: ›Barfuß laufen!‹

Alle Erinnerungen an das Ereignis von damals waren sofort wieder da, und ich wusste auch gleich, um was es ging: Es war die Angst, die mich in diese Verzweiflung brachte, die Angst davor, die kleine Stefanie könnte sich aus ihrer eigenen Enge befreien und aus ganzem Herzen und voller Freude loslaufen. Wenn ich dies tue, kann es schmerzhaft werden, und ich werde allein gelassen. Dies war die Antwort, dies war die Botschaft, und von dem Zeitpunkt an verstummte die Stimme in meinem Kopf. Als ich das nächste Mal in meinen Meditationsraum kam, schrie ich es hinaus: ›Ja, ich will, ich kann, ich darf den Weg meines Herzens gehen!‹«

Sobald wir das Licht auf unsere Fähigkeiten und Talente lenken, werden uns auch die schmerzhaften Erfahrungen wieder bewusst. Wenn wir dann das Tor zum Herzen nicht verschließen und uns erlauben, den alten Schmerz erneut zu fühlen, kann er sich in eine Antriebskraft für unsere Projekte verwandeln. Die Tränen düngen den Boden, auf dem etwas Neues wachsen kann. Nach der heilsamen Rückschau auf die Vergangenheit muss nun der Blick nach vorn in die Zukunft gerichtet werden.

Das Wasser deiner Tränen wird zum Wein deiner Heilung

Bei Dalmanuta fanden Wunder statt: Wunder der Liebe und Wunder der Heilung. Diese Wunder wirkten in den Herzen der Menschen. Alle Gleichnisse in der Bibel, die von Wundern erzählen, beschreiben innere Verwandlungen von Menschen. Sie erzählen von der Heilung emotionaler Verletzungen, von der Auflösung von Schuldgefühlen und von der Verwandlung des Glaubens an Mangel in ein Bewusstsein der Fülle. Das Wasser der Tränen wurde zum Wein der Freude.

»He turned the water into wine«, heißt ein Song von Johnny Cash, den er nach einer inspirierenden Reise an den See Genezareth geschrieben hat: »In the little Cana town/The word went all around that/He turned the water into wine ...« (»In der kleinen Stadt Kanaan/machte die Neuigkeit die Runde,/dass er das Wasser in Wein verwandelt hatte ...«)[10] Und vielleicht geschah das Wunder der Verwandlung von Wasser in Wein auf der Hochzeit von Kanaan in Wahrheit in den Herzen der Menschen: Die Tränen ihrer emotionalen Schmerzen verwandelten sich durch die Berührung des Meisters der Liebe in den Wein der Heilung, aus Schmerzens- wurden Freudentränen.

Immer wieder erlebe ich in den Seminaren, dass Leute sich für ihre Tränen entschuldigen.

»Wofür entschuldigst du dich?«, frage ich dann. – »Dafür, dass ich mich hier vor allen anderen so gehen lasse«, lautet meist die Antwort. Es ist die Angst davor, Schwäche zu zeigen, die in Wahrheit keine Schwäche, sondern eine Stärke ist. Nur mutige Menschen trauen sich, Risiken einzugehen. Kontrolle soll uns schützen und das Leben damit leichter machen, dabei ist es umgekehrt. Sie schadet uns und beschwert unser Leben. Öffnung bedeutet, sich ganz zu öffnen, ein bisschen geht nicht. So, wie das Licht sowohl das Angenehme wie auch das Unangenehme erhellt, so können wir das Tor zum Herzen nicht nur für das eine *oder* das andere öffnen. Wenn die Tür offen steht, kann jeder hinein, auch die Besucher, die wir nicht so gern bei uns haben. Wir müssen uns entscheiden, ob wir uns öffnen oder kontrollieren wollen. Der innere Türsteher namens »Gedankenkontrolle« weist aus Gründen der Sicherheit alle ab. Er nimmt seinen Job ernst. Wenn wir uns trauen, dem Türsteher zu kündigen, gehen wir Risiken ein: das Risiko, verletzt zu werden, das Risiko, berührt zu werden, das Risiko, geliebt zu werden, das Risiko, glücklich zu sein!

Wenn wir uns freuen, sollten wir uns Zeit für die Freude nehmen, wenn wir Kummer haben, sollten wir uns ebenso Zeit für den Kummer nehmen. Wir sollten nicht der Versuchung erliegen, uns von dem emotionalen Schmerz abzulenken, beispielsweise mit dem Fernseher, Radio oder Computer. Ein besseres Konzept ist, nach draußen in die Natur zu gehen, einen Spaziergang zu machen oder sich auf eine Bank oder eine Wiese zu setzen und in den Himmel zu schauen. Lass die Tränen fließen, lautet die Botschaft.

»Tränen haben etwas Heiliges. Sie sind kein Zeichen von Schwäche, sondern von Kraft. Sie sprechen beredter als zehntausend Zungen. Sie sind die Verkünder bedrückendsten Kummers, tiefer Reue und unaussprechlicher Liebe«[11], schrieb einst Washington Irving.

Das Wasser reinigt nicht nur den Körper, sondern auch die Seele. Fast alle Religionen verfügen über Rituale der Waschung und Reinigung. In der christlichen Tradition ist es das Ritual der Taufe, das ganz bewusst das Wasser als Schlüssel der Vergebung benutzt.

Das Wort »Taufe« bedeutet ursprünglich »eintauchen« oder »untertauchen«. Der Begriff soll zum ersten Mal von dem römischen Geschichtsschreiber Flavius Josephus verwendet worden sein, als er von Johannes dem Täufer berichtete, dessen Berufung es war, die Menschen durch das Eintauchen in Wasser von Schuld und Sünde zu befreien. Vor dem Ritual stand das Sündenbekenntnis des Täuflings, auch damals war das »Ich gebe zu« Voraussetzung für das »Ich gebe ab«. Und nach der Lossprechung musste die Umkehr vom »sündigen Weg« erfolgen, die Vergebung musste Konsequenzen haben.

Der erste Schlüssel zur Vergebung: Das Geständnis

»Das Vergangene ist nie bloß vergangen. Es geht uns an«, sagte Papst Benedikt XVI. im Mai 2006 bei seinem Besuch in Auschwitz. Er sprach dort zu Überlebenden als Angehöriger der Nation, in deren Namen unzählige Menschen ermordet worden waren. Zugleich bat er als Oberhaupt der Kirche, die zu dem himmelschreienden Unrecht damals weitestgehend geschwiegen hatte, um Vergebung.

Während seiner Rede erschien am Himmel ein Regenbogen. Im Alten Testament, der Bibel der Juden, wird der Regenbogen als Zeichen der Versöhnung Gottes mit den Menschen beschrieben. Eine Brücke aus Licht, die Himmel und Erde miteinander verbindet. Von diesem Besuch des Papstes in Auschwitz ging eine heilende Wirkung aus. Als wenige Wochen später die Fußballweltmeisterschaft in Deutschland begann, waren die Deutschen wie von einer Last befreit. Noch nie hat die Welt dieses Volk so fröhlich erlebt. Auch wenn ich der Einzige sein sollte, der es so empfindet: Diese beiden Ereignisse stehen miteinander in Verbindung.

Vergebung beginnt mit der Einsicht, dass es etwas zu vergeben gibt. Die »Ein-Sicht« benötigt Licht, in der

Dunkelheit können wir nichts sehen. Wir müssen den Raum des Unbewussten, in dem die nach Heilung strebenden Bilder und Gefühle wirken, erhellen. Mit dem Eingeständnis »Ich gebe zu« richten wir das Licht der Achtsamkeit auf unsere emotionalen Verletzungen und Schuldgefühle. Wir versuchen nicht mehr, sie gleichsam mit dem Mantel des Schweigens zu verdecken. Wir offenbaren uns, wir stellen uns!

Die praktische Anwendung des ersten Schlüssels erfolgt durch das Geständnis. Wir müssen sagen: »Ich gebe zu!« Das Geständnis ist kein Beklagen einer Schuld, sondern das Eingestehen eines Gefühls: »Ich gestehe mir ein, dass ich mich schuldig fühle. Ich gestehe mir ein, dass ich mich gekränkt fühle« – und so weiter. Wir weisen weder uns selbst noch anderen eine Schuld zu, sondern bekennen uns zu unseren Empfindungen.

Manchmal tut es gut, sein Leid vor anderen zu offenbaren. Unabhängig von der Heilkraft tröstender und aufbauender Worte benötigt die Offenbarung keine Erwiderung, beispielsweise in Form eines Ratschlags oder einer Analyse. Die befreiende Wirkung des Geständnisses entsteht mehr durch das Aussprechen im Monolog, weniger durch ein anschließendes Zerreden im Dialog.

Simon Dach (1605–1659), ein deutscher Dichter aus der Barockzeit, schrieb: »Der kann sein Leid vergessen,/

Der es von Herzen sagt;/Der muss sich selbst auffressen,/ Der in's geheim sich nagt.«[12] Diese altertümlich anmutenden Worte beschreiben nichts Geringeres als die zeitlos aktuelle therapeutische Wirkung der Beichte – unabhängig davon, wem man beichtet, ob einem Freund, einem Arzt oder eben einem Priester. Dummerweise wurde die Beichte von der katholischen Kirche zur Pflicht erklärt. Viele Kinder, die zur Beichte angehalten wurden, steckten in dem Dilemma, dass sie nicht wussten, was sie beichten sollten. Sie wurden quasi zum Lügen gezwungen. Damit wurde das wunderbare Instrument der Beichte ad absurdum geführt. Sie sollte aber keine Verpflichtung, sondern ein Angebot sein, sich von dem befreien zu können, was einen belastet, und zwar unabhängig von der Schuldfrage. Der ursprüngliche Gedanke hinter der Beichte lautet schlicht: »Sprich aus, was dich bedrückt.« Wenn es nichts gibt, was einen bedrückt, braucht man keine Beichte.

Ein Hindernis der Offenbarung ist oftmals die Scham. Manche Geschädigte beispielsweise zeigen eine Straftat nicht an, weil sie sich schämen, Opfer geworden zu sein. Zugegebenermaßen ist der Gang zur Polizei nicht immer einfach. Doch unabhängig davon, was aus einer Strafanzeige wird, ob beispielsweise der Täter ermittelt wird oder nicht, ob es zu einer Gerichtsverhandlung kommt oder nicht, der Akt der Anzeige kann ein wichtiger erster Schritt auf dem Weg der inneren Aufarbeitung sein. Und wenn man sich als Opfer einer Straftat nicht den Behörden anvertrauen möchte, so sollte man sich einem anderen Menschen offenbaren, beispielsweise einem Therapeuten oder einem Seelsorger. Die Scham kann nur dadurch überwunden werden, dass über das Geschehene gesprochen wird, einen anderen Weg gibt es nicht.

Wenn wir es einmal eingestanden haben, muss es gut sein. Ansonsten halten wir an dem Drama fest und verhindern den Prozess der Vergebung. Der Grat zwischen notwendiger Aufarbeitung und ungesundem Festhalten ist oftmals schmal. Viele begründen die dauerhafte Wiederholung ihrer Leidensgeschichte mit dem Argument der Aufklärung: »Ich möchte verhindern, dass es anderen genauso ergeht wie mir«, sagen sie. Diese Einstellung ist durchaus lobenswert, wenn sie dazu beiträgt, andere vor Verletzungen zu bewahren. Missstände sollten so lange angeprangert werden, bis sie aufgehoben sind. Wenn wir uns jedoch von unserem emotionalen Leid befreien wollen, dürfen wir uns in der Opferrolle nicht dauerhaft einrichten und die Verletzung wie eine Fahne hochhalten. Sonst wird das Leid Teil unserer Identität. Vergebung wird auf diese Weise unmöglich.

An dieser Stelle sei noch einmal betont: Wir haben die Erlaubnis zu vergeben, und wir haben die Erlaubnis, nachtragend zu sein, sprich, Ankläger zu bleiben. Beides ist okay. Denn je nachdem, wem wir die Schuld für unsere emotionale Verletzung zuweisen, klagen wir uns manchmal selbst und manchmal andere an. Doch falls wir vergeben wollen, müssen wir beide Rollen ablegen: die des Opfers und die des Anklägers.

Jemand erzählte mir von bestimmten Naturvölkern und ihrem Umgang mit Leidensgeschichten. Demnach wurden die Betroffenen von der Gruppe dazu aufgefordert, ihre Leidensgeschichte insgesamt dreimal vor allen zu erzählen. Und danach nie wieder!

Der zweite Schlüssel zur Vergebung: Die emotionale Tat

»Ich habe nie gelernt, Gefühle zu zeigen. Ich konnte weder von Herzen lachen noch von Herzen weinen«, sagt Volker. »Mein Vater hat mich in dieser Hinsicht sehr geprägt, auch er zeigte niemals eine emotionale Regung. Er war die Kontrolle in Person. Als er am Ende seines Lebens schwer krank wurde, erzählte er niemandem etwas von seinen Beschwerden, keiner durfte wissen, wie schlimm es um ihn stand. ›Es ist nur eine Routineuntersuchung‹, sagte er, bevor er ins Krankenhaus ging, in dem er ein paar Tage später starb.

Und wie mein Vater war auch ich, so lange, bis ich die Kontrolle nicht mehr ertrug. Ich erkannte, dass hinter der Kontrolle die Sehnsucht verborgen war: die Sehnsucht nach Gefühlen, die Sehnsucht nach Liebe! In den letzten Jahren habe ich an mir gearbeitet, ich habe mich mir selbst und anderen gegenüber mehr und mehr geöffnet. Heute weiß ich, dass ein Mensch, der sich seinen eigenen Gefühlen verschließt, auch für die Gefühle anderer verschlossen ist. Mittlerweile kann ich geben und empfangen, früher konnte ich weder das eine noch das andere.

Nach seinem Tod erzählte mir meine Mutter eine Erfahrung, die meinen Vater geprägt hatte: Nachdem er als junger Mann aus dem Krieg zurück nach Hause gekommen war, sagte seine Mutter zu ihm den Satz: ›Es wäre besser gewesen, wenn dein Bruder statt deiner heimgekommen wäre.‹ Ich glaube, dass dieses Erlebnis ihn dazu veranlasst hat, sich zu verschließen, wahrscheinlich hatte er – bewusst oder unbewusst – Angst, dass die Emotionen der Enttäuschung, Wut und Traurigkeit ihn zerstören könnten. Der Satz der Mutter hatte sein Selbstwertgefühl zerstört und Schuldgefühle in ihm entstehen lassen.

Mein Vater hat bis zu seinem Tod nicht vergeben können, weder sich selbst noch seiner Mutter. Ich weiß nicht, ob ihm bewusst war, dass auch ich als sein Sohn darunter zu leiden hatte. Mein Vater hat mich nie in den Arm genommen, er hat mir nie gesagt, dass er mich liebt.

Vor zwei Wochen war ich auf dem Friedhof an seinem Grab und habe Zwiesprache mit ihm gehalten. Es war niemand in der Nähe, deshalb konnte ich laut sprechen. ›Papa‹, habe ich gesagt, ›ich werde ab jetzt nicht mehr deinem Beispiel folgen. Ich werde im Gegensatz zu dir ab jetzt mutig sein. Ich werde mich meinen Gefühlen stellen, den schönen ebenso wie den schmerzhaften. Und ich werde mit meiner Vergangenheit Frieden schließen, ich werde auch dir vergeben, dass du mir in meiner Kindheit deine Liebe nicht zeigen konntest.‹

Dann habe ich meine rechte Hand ans Herz gelegt und ein paar Mal laut ›Friede sei mit dir‹ zusammen mit meinem Namen gerufen: ›Friede sei mit dir, Volker, Friede sei mit dir!‹ Und dann habe ich zu meinem Vater gesagt, dass er dasselbe ja jetzt, wenn er will, auf der anderen Seite des Lebens auch tun könnte. ›Wenn du es bis jetzt nicht gemacht hast, dann tu es nun mit mir zusammen:

Friede sei mit dir, Willi, Friede sei mit dir, Willi‹, habe ich gerufen und dabei geweint wie ein Schlosshund.

Als ich das dritte Mal den Namen meines Vaters ausgesprochen hatte, fiel das Friedhofstor zu. Ich schaute mich um, doch es war niemand da, der es zugemacht hätte. Ich nahm es als Zeichen meines Vaters entgegen, dass er da oben die Übung der Vergebung mit mir gemeinsam vollzogen hatte. Seit diesem tränenreichen Tag vor zwei Wochen fühle ich mich von einer großen Last befreit.«

Es sind die Tränen, die heilen. Sie öffnen das Tor zum Herzen. Weinen bedeutet, den Kontrollkampf aufzugeben, die Tränen sind ein Ausdruck der Kapitulation, wir liefern uns gleichsam unseren Gefühlen aus, wir geben uns in diesem Sinne hin. Nach »Ich gebe zu« folgt »Ich gebe ab«. Nach der Zugabe folgt die Hingabe.

Die praktische Anwendung des zweiten Schlüssels erfolgt durch eine emotionale Tat. Der Prozess der Heilung kann nur durch eine Aktion in Gang gebracht werden. Zwar kann der Verstand Entscheidungen treffen und Entschlüsse fassen, aber er ist unfähig, diese anschließend auch umzusetzen. Dafür bedarf es einer Handlung. Die Veränderung des Schuld- beziehungsweise Verletzungsgefühls entsteht allein durch eine bewegende, berührende und manchmal auch tränenreiche Tat. Dabei spielt es keine

Rolle, ob die Tat im Bewusstsein der Vergebung oder diesbezüglich unbewusst, also mit einem anderen Ziel begonnen wurde. Als Reinhard beispielsweise vor seinem Vater kniete, wusste er nicht, dass während dieser Handlung Vergebung stattfinden sollte. Er wollte ihm nur beim Ankleiden helfen, die wahre Bedeutung der Situation offenbarte sich Reinhard erst während des Tuns. Volker hingegen ging bewusst zum Grab seines Vaters, um dort Frieden zu schließen. Der Schrei »Friede sei mit dir, Willi« war seine emotionale Tat im Namen der Vergebung.

Im gleichen Bewusstsein tanzen die Teilnehmer in der Kirche an der Nordsee auf den zuvor zerrissenen Dokumenten ihrer Schuldgefühle. Auch in der Meditation kann die emotionale Tat geschehen. Die ältere Dame, die noch nie einen Lebenspartner an ihrer Seite hatte, erfuhr den Akt der Vergebung unverhofft in der Meditation, in der sie sich an die Rückkehr ihres Vaters aus dem Krieg erinnerte. Ein Beispiel für eine bewusste Meditationsaktion ist die Übung »Der Engel aus der Zukunft«, die ich in Teil III beschreibe. Meine Mutter wiederum erlebte die emotionale Tat der Vergebung durch die Begegnung mit ihrem Stiefvater im Traum.

Die emotionale Tat kann auch bewusst von anderen Menschen initiiert werden. Ein schönes Beispiel dafür erzählt die fiktive Geschichte eines unbekannten Autors von den weißen Bändern im Apfelbaum, die in mehreren Versionen im Internet kursiert: An den Fensterplätzen in einem Zugabteil sitzen sich eine Frau und ein jüngerer Mann gegenüber! Eine Weile betrachten sie, jeder in seine Gedanken versunken, die Landschaft, durch die sie fahren!

Auf einmal faltet der junge Mann seine Hände vor der Brust, schaut die Frau ihm gegenüber mit flehentlichen Augen an und sagt zu ihr: »Bald werden wir durch meine Heimatstadt fahren, vorbei an meinem Heimathaus. Doch Sie müssen wissen, ich komme gerade aus dem Gefängnis, in dem ich in den vergangenen Monaten für eine schwere Schuld gebüßt habe. Meinen Eltern habe ich in einem Brief geschrieben, wie sehr ich meine Tat bereue und dass ich mich von ganzem Herzen verändert habe. Zum Zeichen ihrer Vergebung sollten sie ein weißes Band auf unseren Apfelbaum binden, der vom Zug aus zu sehen ist und an dem wir bald vorbeifahren werden. Dann werde ich aussteigen und nach Hause gehen. Wenn aber kein weißes Band am Baum ist, werde ich durchfahren und irgendwo dort in der weiten Welt mein Leben neu beginnen. Doch nun, wo es so weit ist, klopft mein Herz so wild, und ich getraue mich nicht hinauszuschauen, aus Angst, dass mir meine Familie nicht vergeben kann.« Er legt die Hände vor seine Augen und bittet die Frau: »Bitte, würden Sie für mich hinausschauen, ob ein weißes Band am Apfelbaum hängt?«

Gern tut dies die Frau für ihn. Und dann ruft sie: »Schnell, schnell, schauen Sie hinaus, schnell!« Der Baum war übervoll mit weißen Bändern behängt.

Der dritte Schlüssel zur Vergebung: Abschluss und Neuausrichtung

Nach dem Eingeständnis und der emotionalen Tat darf es kein Zurück mehr geben. Das Tor zur Vergangenheit muss abgeschlossen werden. »Dreh dich nicht um, Frau Lot«, heißt es gemäß der Bibel. Wenn wir aus unserem persönlichen Sodom und Gomorrha herauswollen, dürfen wir nicht mehr nach hinten blicken, sondern müssen uns neu nach vorn ausrichten. Nachdem die partnerlose Dame beispielsweise in der Meditation, die für sie die emotionale Tat der Vergebung bedeutete, den inneren Grund ihres Alleinseins erkannt hatte, zog sie einen Schlussstrich unter ihr bisheriges Singledasein und ging, diesmal frei von einschränkenden Glaubenssätzen, wieder auf Partnersuche. Und Christa, die sich im Auto mit den Worten »Forget it« die Absolution erteilt hatte, besuchte in der Folge zum ersten Mal nach langer Zeit ihre Mutter im Altenheim. Sie beendete damit die selbstverordnete Distanz zu der alten Dame. Ohne diesen Besuch wäre ihre Vergebung unvollständig geblieben. Erst in Anwesenheit ihrer Mutter konnte sie ihre neue innere Freiheit konkret erfahren.

Einen Abschluss zu vollziehen kann jedoch auch bedeuten, dass wir uns von einem oder mehreren Menschen trennen, die uns nicht gutgetan haben; und eine mögliche Neuausrichtung kann bedeuten, dass wir uns von solchen Menschen zukünftig fernhalten, sie also nicht mehr in unser Leben hineinkommen lassen. Das heißt nicht, dass wir niemanden mehr an uns heranlassen nach dem Motto »Wenn ich mich von allen Menschen fernhalte, kann mich auch niemand mehr verletzen«. Das Risiko, auch zukünftig wieder verletzt zu werden, bleibt bestehen, und wir dürfen es auch nicht scheuen. Eine Prophylaxe gegen emotionale Verletzungen gibt es nicht. Wir sollten uns weiterhin vom Leben und von der Liebe berühren lassen.

Die Neuausrichtung ist eine Konsequenz, die wir aus der Erfahrung der Vergebung ziehen. Diese Konsequenz sollte nicht nur gedanklich, geistig und selbstbezogen sein, sondern handfest, konkret und außenwirksam. Die heilende Kraft der Liebe, die in uns als Vergebung gewirkt hat, sollten wir weiter nach außen in die Welt tragen. Von unserer eigenen Heilung sollten auch andere Menschen profitieren dürfen.

Unser Auftrag, die Liebe in die Welt zu tragen, ist ein handfester. Die Liebe in uns muss sich in der äußeren Welt entfalten, sie muss sich gleichsam »materialisieren«. Es reicht nicht aus, wenn wir nur liebevolle Gedanken denken, es reicht nicht aus, wenn wir nur liebevolle Gefühle spüren, wir müssen den Gedanken und Gefühlen auch Taten folgen lassen. Unsere Ideen dürfen nicht nur im Reich des »potenziell Möglichen« verbleiben, sondern sollten irdische Gestalt annehmen. Dabei spielt es keine Rolle, wie vermeintlich groß oder klein das Projekt unseres Erschaffens ist. Es kann eine berufliche Existenzgrundlage sein, es kann aber auch ein ehrenamtliches Engagement sein, zum Beispiel in der Arbeit mit Kindern, mit alten Menschen oder aber im Hospiz. Ich hörte von jemandem, dessen Leidenschaft das Backen ist, dass er jeweils an den Wochenenden einen Stand auf einem Campingplatz aufbaut und dort seine Kuchen anbietet. Die Möglichkeiten, sich mit seinen Fähigkeiten und Talenten einzubringen, sind unbegrenzt. Das Einzige, was wir dafür überwinden müssen, ist die Trägheit. Es ist zugegebenermaßen leichter, gedanklich Pläne zu schmieden, als sie umzusetzen.

Im Gegensatz zu manchen spirituellen Lehrern bin ich also nicht der Ansicht, dass wir allein mit unseren Gedanken die Realität erschaffen können, wir erschaffen sie vielmehr durch unsere Taten. Die Gedanken erschaffen viel häufiger die Argumente dafür, warum man es *nicht* machen sollte, weil entweder die Zeit noch nicht reif, die Bedingungen noch nicht erfüllt, man selbst noch nicht so weit ist – und so weiter und so fort. Solche Gedanken sind die Verbündeten der Trägheit. Doch auch die sogenannten positiven Gedanken, die unsere Vorhaben wohlwollend und verstärkend unterstützen, taugen nichts, solange wir nicht tatsächlich handfest zupacken. Wie ein Former den Ton müssen wir irdisches Material in die Hände nehmen und unseren Plänen und Ideen Gestalt verleihen. Dies geht niemals »später«, sondern immer nur »jetzt«.

Dazu müssen wir Entscheidungen treffen, an die wir uns gebunden fühlen. Dies ist für mich ein bedeutender Aspekt des Jesus-Worts an Simon Petrus: »Was du auf Erden binden wirst, soll auch im Himmel gebunden sein« (Mt 16,19). Wir dürfen unsere Entscheidungen, die wir einmal getroffen haben, nicht ständig hinterfragen. Wir sollten uns an unsere Entschlüsse auch gebunden fühlen. Vor der Entscheidung dürfen und sollten wir überlegen und in uns hineinfühlen. Sobald dieser Prozess aber beendet ist und wir uns entschieden haben, darf es kein Zurück mehr geben. Die Brücke, über die wir gegangen sind, wird hinter uns abgerissen. Auch in dieser Hinsicht gehen Abschluss und Neuausrichtung einher. Das Dilemma vieler Menschen aber ist, dass sie sich nicht trauen, endgültige Entscheidungen zu treffen. Sie wollen sich jederzeit alle Optionen offenhalten. Mit dieser Einstellung jedoch schließen sie jede Option aus. Denn eine Entscheidung für das eine ist immer auch eine Entscheidung gegen das andere. Unentschiedenheit ist Stillstand. Ein unentschlossener Mensch kommt nicht weiter, er bleibt quasi mitten auf der Brücke stehen. Immer wieder müssen wir unsere Zweifel, ob nun die eine oder aber die andere Entscheidung gut für uns ist, überwinden und sie einfach treffen. Wir müssen den Mut aufbringen, Erfahrungen zu machen. Jede Neuausrichtung wird uns neue, das heißt unbekannte Erfahrungen bescheren. Und oftmals wird es gerade am Anfang schwer, da wir uns in der neuen Richtung noch nicht auskennen.

Ich hielt einmal einen Vortrag in einem Seminarzentrum, das am selben Tag eröffnet worden war. Die Inhaberin, eine junge Frau, sagte, dass sie sich mit diesem Zentrum einen Traum erfüllt habe. Sie erzählte, am Morgen habe ein Landstreicher vor der Tür gestanden. Sie bat ihn herein und bewirtete ihn. »Der Mann konnte nicht begreifen, dass ich mich so über seine Anwesenheit freute«, sagte sie. »Ich habe gestrahlt vor Glück, weil dieser Mensch der erste Gast in meinem Zentrum war. Es war niemand aus der sogenannten High Society, sondern jemand ›von ganz unten‹. Niemand anderen hätte ich lieber als ersten Besucher empfangen. Denn auch ich fange heute ganz von unten an.«

Alles Irdische wächst von unten nach oben. Die drei Schlagwörter lauten: Bodenständigkeit, Standfestigkeit und Beständigkeit.

Unsere Projekte müssen *bodenständig* sein. Ideen, die gleichsam nur Luftschlösser sind, haben keine Chance auf Verwirklichung. Unsere Vorhaben müssen durch Handlungen konkret werden, sie dürfen nicht im Ungefähren verharren. Die Konjunktive »Ich sollte, ich könnte, ich müsste …« müssen in den Indikativ der Tat verwandelt werden: »Ich mache jetzt!«

Wir selbst müssen *standfest* sein, wir sollten auch dann zu uns und unseren Projekten stehen, wenn Gegenwind aufkommt. Wir können nicht erwarten, dass alle unser Vorhaben toll finden, wir können nicht davon ausgehen, dass alle uns jederzeit unterstützen. Manchmal fühlen wir uns alleingelassen, und in diesen Momenten sollten wir unsere Achtsamkeit auf die Erde richten: Sie ist das Fundament für uns selbst und für unser Projekt.

Unsere Handlungen müssen *beständig* sein. Es reicht nicht aus, »hier und da und ab und an« sporadisch etwas für das Projekt zu tun, wir sollten täglich dranbleiben! Dabei dürfen wir nicht jeden Tag Ergebniskontrolle betreiben. Es gibt eine Zeit des Handelns und eine Zeit des Betrachtens. Beide Phasen sollten getrennt voneinander sein. Ein Maler gibt sein Bild nicht einem Kunstsachverständigen, bevor er es zu Ende gemalt hat. Das Ergebnis zeigt sich erst am Ende, nicht am Anfang. »Gib nicht auf, wenn das Wunder noch bevorsteht«, lautet die Botschaft.

Die kleine Vergebungsübung für zwischendurch

Wenn uns das Dalmanuta-Prinzip bewusst ist, erkennen wir schneller, wann und auf welche Weise es wirksam wird. Auch können wir in den leichteren Fällen von emotionaler

Verletzung, die jeder von uns im Alltag erfährt, die Schlüssel zu benutzen üben. Wenn wir uns beispielsweise durch spitze Bemerkungen eines anderen oder aber durch Ignoranz in unserer Selbstachtung angegriffen fühlen oder uns selbst auf eine Weise verhalten, die wir anschließend als nicht korrekt beurteilen, sollten wir die Gefühle nicht wegrelativieren nach dem Motto »Ist ja nicht so schlimm, ist ja nur eine Kleinigkeit«, sondern uns auch in solchen weniger schwerwiegenden Angelegenheiten eingestehen, dass wir uns gekränkt oder schuldig fühlen. Sodann sollten wir eine emotionale Tat im Bewusstsein der Vergebung begehen. Dafür eignen sich insbesondere meditative Übungen; »kleine Vergebungsübungen für zwischendurch« sozusagen. Wir könnten beispielsweise das Thema unserer Vergebung auf einen Zettel schreiben und diesen anschließend im Bewusstsein der emotionalen Tat zerreißen oder gar verbrennen. Wir könnten einen Stein als Symbol für das Thema in die Hand nehmen und diesen in einen »See oder einen Fluss der Vergebung« werfen. Wir können uns selbst zu einem Vergebungsessen (oder -trinken) einladen. Wir können mit unserem Auto durch eine Waschstraße fahren in dem Bewusstsein der inneren Reinigung von dem Thema. Unserer Kreativität sind diesbezüglich keine Grenzen gesetzt, entscheidend für die Tat ist allein das Bewusstsein, in dem wir sie ausführen.

Ein Beispiel für eine weniger schwerwiegende Angelegenheit in meinem Leben war der drohende Untergang »meines« Vereins MSV Duisburg. Im Mai 2013 entzog der Deutsche Fußball-Bund dem MSV die Spiellizenz für die zweite Liga. Grund dafür war die langjährige Misswirtschaft des Vorstands. Der Verein stand vor dem Bankrott und vor der Auflösung. Ich hätte zuvor nicht gedacht, wie sehr mir diese Nachricht ans Herz gehen würde. Ebenso wie mir erging es Tausenden anderer Menschen. Sie fühlten sich verletzt in ihren Fangefühlen und haderten mit den Verantwortlichen. Doch fielen die Anhänger nicht in Schockstarre, sondern begannen zu handeln. Jeden Tag versammelten sich zahlreiche MSV-Fans vor dem Stadion. Sie organisierten dort Konzerte und Lesungen, luden Prominente ein und sammelten Spenden. Sie bildeten an einem Tag eine kilometerlange Menschenkette und veranstalteten sogenannte Fanmärsche durch die Stadt. Sie sorgten im Kollektiv für emotionale Taten und machten auf diese Weise Sponsoren auf sich aufmerksam, die sich nun stärker engagierten und letztendlich die Existenz des Vereins sicherten. Die Fans zogen die Konsequenzen und strömten in der neuen Saison, die der Verein in der ungeliebten dritten Liga absolvieren musste, ins Stadion wie nie zuvor. Der Zuschauerschnitt stieg rasant, und am 16. Mai 2015 kam es zum Happy End durch den Wiederaufstieg in die zweite Liga.

In der Nachbetrachtung war der Zwangsabstieg das Beste, was dem Verein passieren konnte. So ist es oftmals auch in unserem Leben, dass sich ein vermeintlich schlechtes Ereignis im weiteren Verlauf als Glücksfall herausstellt. Spätestens dann können wir es vergeben.

Die emotionale Tat setzt den Prozess der Heilung in Gang, sie sorgt für Bewegung und Veränderung. In diesem Sinne ist die emotionale Tat leicht, denn nur das Leichte ist beweglich. Unsere Geständnisse sollten ehrlich, unsere emotionalen Taten leicht und unsere Konsequenzen fest und nachhaltig sein.

Nach der Vergebung sollten wir nicht mehr auf das Vergangene zurückblicken, sondern vertrauensvoll in die Zukunft schauen.

Was wir beherzigen sollten – Merksätze II

Wir dürfen uns nicht der einzigen Kraft verschließen, die Heilung bewirken kann. Diese Heilkraft ist die Liebe.

Wir sind es, die darüber entscheiden, ob wir das Leben als ein Wunder erfahren oder nicht. Wenn wir uns vom Leben abwenden, sehen wir die Wunder nicht.

Wir sollten uns ab und an bewusst machen: »Mit meinem Alltag erfüllt sich meine Seele einen Traum. Und ich will, kann und darf diesen Traum leben und gestalten!«

Wir »sind« ein nicht abgeschlossener Prozess, und es ist riskant und gefährlich, mit uns zu leben!

Wir dürfen nicht ständig analysieren, wie eine Situation, ein Umstand, ein Zustand war, ist oder möglicherweise werden könnte, sondern sollten uns stattdessen fragen, was wir jetzt tun können.

Wir sollen unser Potenzial in die Welt tragen, damit nicht nur wir selbst, sondern auch andere davon einen Nutzen ziehen.

Es ist nicht nur unser Recht, das Licht in uns anzuzünden, sondern unsere Pflicht! Wir dürfen uns gestatten, ein »Highlight« des Lebens und der Liebe zu sein.

Wir sündigen nicht nur dadurch, dass wir etwas Schlimmes tun, sondern auch, wenn wir es unterlassen, das Gute hervorzubringen, das in uns steckt.

Tränen haben etwas Heiliges. Sie sind kein Zeichen von Schwäche, sondern von Kraft. Sie düngen den Boden, auf dem etwas Neues wachsen kann.

Wir dürfen unsere Entscheidungen, die wir einmal getroffen haben, nicht ständig hinterfragen. Wir sollten uns an unsere Entschlüsse auch gebunden fühlen.

Die persönliche Wahrheit duldet keine Kompromisse! Wir können etwas nur ganz oder gar nicht lieben, »gedämmte« Liebe gibt es nicht.

Unser Auftrag, die Liebe in die Welt zu tragen, ist ein handfester. Die Liebe in uns muss sich in der äußeren Welt entfalten.

III. Das Programm

»Verzeihung ist das Geschenk, neu beginnen zu dürfen.«
Peter Amendt

Einklang und Hinwendung

Ab und an sollten wir still werden und uns selbst betrachten. Wir sollten uns Zeit für die Selbstreflexion nehmen. Das Wort »Reflexion« bedeutet unter anderem »das Zurückgeworfenwerden«. In der Selbstreflexion werden wir mit unseren Gedanken und Gefühlen auf uns selbst zurückgeworfen. Die beste Möglichkeit dafür ist die tägliche Meditation. Um innerlich zur Ruhe zu kommen, müssen wir den Lärm um uns herum ausschalten. Wenn wir uns in die Stille setzen und innere Einkehr halten, wird in der Folge auch der Lärm der Geschichten verstummen, die wir uns von der Vergangenheit und der Zukunft, von Verletzung, Schuld und Sühne erzählen. Die Sprache Gottes sei das Schweigen, alles andere sei eine schlechte Übersetzung, sagte der amerikanische Priester und Mönch Thomas Keating.

Meditation ist keine besondere Technik, sondern ein Zustand des Gewahrseins im Hier und Jetzt. Im Hier und Jetzt vereinigen sich Vergangenheit und Zukunft zum ewigen Moment. Es gibt keinen anderen Zeitpunkt als das Jetzt, nach jedem Jetzt folgt das nächste Jetzt. In der Meditation begreifen wir, dass sowohl Vergangenheit als auch Zukunft Illusionen des Verstandes sind: Die Vergangenheit ist *nicht mehr* und die Zukunft *noch nicht* da. In dem Gewahrsein des ewigen Augenblicks erkennen wir die wahre Größe unseres Selbst. Im Zustand der Meditation können wir sehen, dass wir sowohl ewig als auch endlich sind.

Auf dem Grabstein des indischen Philosophen Osho stehen die Worte »Nie geboren, nie gestorben«. Mir gefällt das folgende Bild: Geburt und Tod erfährt die Seele nur in ihren Träumen. Im Augenblick des Todes erwacht die Seele aus einem Traum. Die Träume sind endlich, gewissermaßen tödlich, sie kommen und vergehen, doch der Träumer ist ewig. Man mache sich ab und an bewusst: »Mit meinem Alltag erfüllt sich meine Seele einen Traum. Und ich will, kann und darf diesen Traum leben und gestalten!« Ein Mensch, der keine Träume mehr hätte, wäre wahrhaft tot.

»Wir liegen alle in der Gosse, aber einige von uns betrachten die Sterne«[13], schrieb einst Oscar Wilde. Wer das

Licht der Sterne in sich spürt, ist im Einklang mit sich selbst.

Wir dürfen in eine unbekannte Zukunft hineinleben. Wir dürfen gespannt sein, und wir dürfen staunen! Wir dürfen wie die Kinder sein, die sich auf Überraschungen freuen. Unser ewiges Selbst begibt sich immer wieder in die Endlichkeit, um zu lernen, zu helfen und Spaß dabei zu haben. Wir sind ein nicht abgeschlossener Prozess, der niemals endet.

Eine schöne meditative Übung ist folgende: *Nimm dir ein paar Minuten Zeit. Setz dich bequem hin und schließ deine Augen. Sag dir im Stillen: »Ich bin ein nicht abgeschlossener Prozess, und es ist riskant und gefährlich, mit mir zu leben.«* Diese Meditation, regelmäßig geübt, bewirkt ein neues Selbstverständnis. Denn der erste Betroffene, für den es riskant und gefährlich ist, mit uns zu leben, sind wir selbst. Wir können uns nicht darauf verlassen, dass wir morgen – geschweige denn in zehn Jahren – noch genauso fühlen und denken wie heute. Auch für die anderen wird es bisweilen gefährlich, mit uns zu leben. Wenn wir den Umgang mit uns selbst verändern, ändern wir zugleich unser Verhalten gegenüber den anderen. Das kann bedeuten, dass wir liebevoller Ja zu anderen sagen, es kann aber auch bedeuten, dass wir entschiedener Nein zu ihnen sagen.

Im Einklang mit uns selbst sagen wir kompromisslos Ja zu uns selbst und Ja zu unserem Leben. Wir sagen bedingungslos Ja zu der Liebe.

Die Liebe ist die einzige Kraft, die emotionale Verletzungen heilen kann, sie ist der Wirkstoff der Vergebung. Doch ebenso wie die Vergebung können wir auch die Liebe nicht erzwingen, nicht erwarten und nicht einfordern. Aber wir können sie einladen, zu uns zu kommen. Eine Einladung ist niemals eine Forderung, sie basiert immer auf Freiwilligkeit. Der Eingeladene entscheidet selbst, ob er kommen möchte oder nicht. Doch wenn er kommt, darf er nicht vor verschlossenen Toren stehen, sonst wendet er sich wieder ab. Und so dürfen wir die Liebe zu uns einladen und dafür Sorge tragen, dass die Tore offen sind: Und dann – wenn die Liebe bei uns eingetroffen ist – können wir wieder Wunder erfahren: Wunder, die unser Lebensgefühl verändern. Wunder der Heilung und Vergebung.

Wunder geschehen nicht, Wunder sind! Das Leben selbst ist kein Wunder, das geschieht, sondern ein Wunder, das ist. Wir sind es, die darüber entscheiden, ob wir das Leben als ein Wunder erfahren oder nicht. Wenn wir uns vom Leben abwenden, sehen wir die Wunder nicht. Viele Spirituelle beschäftigen sich seit geraumer Zeit mit dem »Gesetz der Anziehung«, dem zufolge unsere Wünsche Realität werden, sofern sie mit positiven Gedanken und Gefühlen angereichert sind. Dabei wirkt in diesen Fällen nicht das »Gesetz der Anziehung«, sondern vielmehr das »Gesetz der Hinwendung«. Wir sind keine Magneten, die je nach Tagesform entweder Gutes oder Schlechtes vom Himmel anziehen. Der Himmel ist uns immer zugewandt, wir sind es, die uns manchmal von ihm abwenden.

»If you want to see God you've got to move to the other side« (»Wenn du Gott sehen willst, musst du auf die andere Seite gehen«), singt die Rockband Barclay James Harvest (BJH) in ihrem Song »Hymn«. Wer die Kraft der göttlichen Quelle spüren will, muss ihr zugewandt sein. Das gelingt nur dem, der auch an die Existenz einer solchen Quelle glaubt. Kleingläubigen bleibt der Zutritt verwehrt.

Wenn ich früher von meinen Vorhaben in der Zukunft gesprochen habe, schloss ich meinen Bericht mit den Worten »...so Gott will«. Diese Formulierung suggerierte, dass ich passiv dem Willen einer höheren Macht ausgeliefert wäre, die mir entweder wohl- oder übelgesinnt ist. Heute sage ich: »So ich will, wie der Himmel will.« Mit dieser Formulierung bleibe ich in der aktiven Rolle. Der Himmel ist keine von mir getrennte Macht, auf deren Wohlwollen ich bezüglich meiner Absichten angewiesen wäre, sondern Ausdruck meines höheren Selbst. Wie könnte ich etwas anderes wollen als der Himmel, wenn ich selbst Teil des Himmels bin? »Dein Wille geschehe wie im Himmel so auf Erden«, lautet das Mantra der Großgläubigkeit. Wir sind wahrhaft himmlische Wesen, diese Botschaft dürfen wir wörtlich nehmen. Vom Himmel kommt das Licht des Lebens, ohne die Sonne gäbe es kein Leben auf der Erde. Das Licht des Tages offenbart uns das Sichtbare und Gegenwärtige, die Dunkelheit der Nacht zeigt auf das Unbekannte und Zukünftige. Auch in uns sind Licht und Dunkelheit, das Bewusste und Unbewusste.

»Jesus came down from heaven to earth«, heißt es in dem Lied von BJH weiter. Jesus ist vom Himmel auf die Erde gekommen, weil er einen Auftrag hatte: den Auftrag, etwas mehr Liebe in die Welt zu bringen. Und genauso wie Jesus sind wir bei unserer Geburt gleichsam vom Himmel auf die Erde gekommen, weil auch wir den Auftrag haben, etwas mehr Liebe in die Welt zu bringen. Sofern wir diesem Auftrag folgen, sind wir im Einklang – mit uns selbst und mit der göttlichen Quelle. Dann können wir erleben, wie sich oftmals die Dinge fügen, sich Probleme scheinbar in Luft auflösen, die uns vorher unlösbar erschienen. Dann können wir erleben, »wie Wind und Wasser stille werden«.

»Ihr Kleingläubigen, warum seid ihr so furchtsam? Und [er] stand auf und bedrohte den Wind und das Meer. Da ward es ganz stille«, berichtet der Evangelist Matthäus über eine Erfahrung der Jünger auf dem See Genezareth (»Meer«), der für seine starken, plötzlich einsetzenden Stürme bekannt ist (Mt 8, 26).

Wer den Sturm besänftigen kann, muss im Einklang mit dem Himmel sein!

Die Änderung der inneren Einstellung

Nur wenige Erfahrungen haben das Potenzial, unser Leben so entscheidend zum Positiven zu verändern wie Vergebung. Das Thema betrifft uns alle.

Niemand kommt ohne emotionale Verletzungen durchs Leben. Dazu zählen auch unsere Schuldgefühle, sie sind ebenfalls emotionale Verletzungen. Denn manches Mal sind wir auch Täter. »Wer ohne Schuld ist, der werfe den ersten Stein« (Joh 8, 7).

Oder, wie es jemand formulierte: Der erste Stein wird nie geworfen werden.

Leider gibt es keine universelle Gebrauchsanleitung für Vergebung. Vergebung ist – ebenso wie das Empfinden von Verletzung – immer subjektiv und individuell. Sie ist eine intensive Erfahrung der Heilung, die wir weder erzwingen noch einfordern können. Aber wir können dazu beitragen, dass Vergebung in uns geschehen kann: Wir können etwas tun, um uns von den Gedankenanhaftungen an die Themen unserer emotionalen Verletzungen zu lösen. Wir können etwas tun, um dem Verstand die Kontrolle über unsere Gefühle zu entziehen. Wir können etwas tun, um unsere Trägheit zu überwinden.

Die Ursachen für Anhaftung, Kontrolle und Trägheit liegen immer in uns selbst. Sie sind Auswirkungen unserer inneren Einstellung. Um die Einstellung zu verändern, müssen wir sie zunächst betrachten. Wir müssen Innenschau halten. Die beste Möglichkeit der Innenschau ist Meditation. Jemand hat einmal gesagt, dass der Mensch nur dann in der Lage sei, sich um die Außenwelt zu kümmern, wenn er sich auch um seine Innenwelt kümmere. Meditation ist daher keine Abwendung von der Welt, wie viele glauben, sondern *Hin*wendung (siehe den vorangegangenen Abschnitt »Einklang und Hinwendung«). Meditation ist die Hinwendung zu uns selbst, zu unseren Gedanken und Gefühlen, zu unserem Leben. Die Übungen sollen uns nicht von unseren Emotionen ablenken oder wegführen, sondern uns mit unseren Gefühlen (wieder) in Kontakt bringen. Wir verschließen uns nicht, sondern öffnen uns. Wir gehen nicht auf Distanz, sondern wenden uns all dem zu, was in uns und um uns ist. Wir weisen nichts zurück, sondern laden alles ein. Wir bemühen uns nicht, uns von allen Sorgen, Ängsten und Problemen zu befreien, sondern treten ihnen mutig entgegen. Denn wir heilen unsere emotionalen Verletzungen nicht, indem wir sie leugnen oder von uns weisen, sondern wir heilen sie, indem wir uns um sie kümmern. Wir streben nicht nach dauerhafter Gelassenheit, sondern nach Berührung. Ein Arzt oder Heiler, der sich nicht traut, uns zu berühren, könnte uns nicht helfen.

Mit meditativen Übungen können wir viel erreichen. Das habe ich in den beinah zwanzig Jahren erfahren, in denen ich selbst meditiere und vielen Menschen Meditation nahegebracht habe. Das Paradox ist jedoch, dass wir nur dann etwas durch Meditation erreichen werden, wenn wir nichts erreichen wollen. Salopp gesagt: Wer durch Meditation Erleuchtung erfahren will, kann alles erfahren, nur nicht Erleuchtung. Das gilt auch für unser Thema der Vergebung: Wer durch Meditation Vergebung erfahren will, wird scheitern. Ehrgeiz ist immer kontraproduktiv. Ehrgeiz macht hart, Liebe und Vergebung aber sind sanfter Natur.

Ich erinnere mich an ein Gespräch mit einem Mann, der in Hinblick auf seine Ehe sagte: »Man muss an der Partnerschaft hart arbeiten.« Ich fragte ihn, ob er seine Ehe tatsächlich als Arbeitsstelle ansähe? Ich zumindest möchte von dem Menschen, den ich liebe und der mich liebt, so akzeptiert werden, wie ich bin. Ich möchte mich in die Partnerschaft fallen lassen können, ohne von dem anderen grundsätzlich kritisiert zu werden. Solange ich glaube, an der Beziehung arbeiten zu müssen, bin ich mit der gegenwärtigen Situation nicht einverstanden. Einverständnis ist jedoch die Grundlage für Wachstum und Entwicklung. Je härter ich gegen einen Zustand kämpfe, desto länger bleibt er bestehen. Auch eine Raupe ist vermutlich mit sich selbst einverstanden und wird dennoch zu einem Schmetterling. Daher grätsche ich in meinen Seminaren dazwischen, sobald ein Teilnehmer sagt: »Ich muss noch an mir arbeiten.« Ich antworte dann: »Nein, du musst nicht an dir arbeiten, sondern du sollst dich und dein Leben lieben! Und Liebe geht immer mit Einverständnis einher. Liebe will nichts erreichen. Nicht du arbeitest, vielmehr arbeitet es in dir.«

Auf diese Weise wirken die nachfolgend beschriebenen Übungen. Wir sollten sie zwar ernsthaft, aber spielerisch absolvieren. Die Übungen wirken, ohne dass wir es wollen. Möglicherweise wirken sie sogar nur, sofern wir keine Wirkung erwarten.

Meditation ist die totale Akzeptanz des Hier und Jetzt. Die totale Akzeptanz des jetzigen Moments ist verbunden mit dem Einverständnis des Stillstands: »Ich bin einverstanden damit, dass es für immer so bleibt, wie es jetzt ist.« Mit dem Einverständnis des Stillstands setzt Bewegung ein, die Akzeptanz bewirkt Veränderung. Das Dumme ist, dass wir diese Erkenntnis nicht »anwenden« können. Sobald wir die Akzeptanz als »Maßnahme der Veränderung« anwenden wollen, sind wir nicht mehr einverstanden mit dem Stillstand. Unsere Akzeptanz muss also total sein, sie eignet sich nicht als Taktik oder Strategie.

Die Schlüsselübungen helfen, die innere Einstellung zu ändern und die Verriegelungen der Tore zu öffnen. Die drei Schlüssel befinden sich an einem Bund, und sobald ich das eine Tor öffne, öffnen sich die beiden anderen. Eine Zuordnung der Übungen zu jeweils einem Tor gibt es daher nicht. Die Reihenfolge der Übungen ist zwar nicht willkürlich gewählt, dennoch ist sie nicht bindend. Ich empfehle, alle Übungen auszuprobieren und diejenigen, auf die man sich am besten einlassen konnte, regelmäßig (das heißt täglich!) zu praktizieren. Die meisten Übungen dauern nicht länger als ein paar Minuten. Der Zeitaufwand ist also überschaubar. Jeder mache sie auf seine Weise, jedoch ohne Ehrgeiz und ohne Erwartungen. Die tägliche Meditation ist ein Säen auf fruchtbarem Boden. Was wir säen, werden wir ernten!

Techniken, Meditationen und Übungen

Bei allen Übungen kommt es nicht auf den Wortlaut, sondern auf die Botschaft an. Auch die längeren Meditationen in diesem Buch – wie beispielsweise »Der Baum der Erkenntnis«, »Der kleine Tropfen« und die »Dalmanuta-Meditation« – müssen nicht auswendig gelernt werden, sie sollten vielmehr in ihrer Essenz verinnerlicht werden. Man lese sich also den Text ein oder mehrere Male in Ruhe durch und lasse anschließend den Inhalt und die Botschaft mit geschlossenen Augen möglichst ungestört von äußeren Einflüssen in sich wirken.

ICH GEBE ZU

Manche Psychologen behaupten, der Mensch laufe nicht weg, weil er Angst habe, sondern er habe Angst, weil er weglaufe.
Je mehr wir ein in uns verankertes Thema verleugnen, desto mehr haften wir an ihm an. Die Lösung von der Anhaftung beginnt damit, dass wir den Scheinwerfer der Aufmerksamkeit auf das Thema richten, von dem wir uns lösen wollen. Wir müssen uns dem Thema unserer emotionalen Verletzung stellen, statt vor ihm zu flüchten. Wir müssen sagen: Ich gebe zu.

Setz dich in den nächsten Wochen täglich zweimal, jeweils am Morgen nach dem Aufstehen und

abends vor dem Schlafengehen, hin, und mach eine persönliche innere Bestandsaufnahme. Sag: »Ich gebe zu ...«, und sei dabei ehrlich. Rede dir selbst nichts schön, aber auch nicht schlecht. Es geht nicht um »Positives Denken«, sondern um Wahrhaftigkeit. Formuliere es so, wie es in dem Moment deiner Übung für dich ist: »Ich gebe zu, dass ich jetzt traurig bin, ich gebe zu, dass ich jetzt fröhlich bin, ich gebe zu, dass ich mich jetzt sorge, ich gebe zu, dass ich mich jetzt freue, ich gebe zu, dass ich jetzt ärgerlich bin, ich gebe zu, dass ich jetzt dankbar bin.«

ES IST OKAY

Manchmal müssen wir uns aber auch eingestehen, dass wir zwar etwas zu vergeben haben, es jedoch (noch) nicht können oder aber – was ebenso okay wäre – nicht wollen! Wir dürfen akzeptieren, dass uns die Vergebung derzeit nicht gelingt. Damit lösen wir uns von der Anhaftung an unsere mangelnde Vergebungsfähigkeit beziehungsweise Vergebungsbereitschaft. Wir dürfen sagen: Es ist okay.

Nimm dir ein paar Minuten Zeit. Setz dich bequem hin, und schließ deine Augen.
Mach dir das Thema deines Haderns, deines Ärgers bewusst.
Frag dich: Mit welchem »Teufel« ringe ich?
Sag dir dann im Stillen: Dieses Thema gehört derzeit zu meinem Leben dazu. Ich akzeptiere es, es ist okay!
Es ist okay, dass ich mit diesem Teufel ringen muss.
Es ist okay, dass ich hadere.
Es ist okay, dass ich mich ärgere.
Es ist okay, dass ich jetzt noch nicht vergeben kann.

MANTRA-ATMEN: MEIN REICH IST NICHT VON DIESER WELT

Die folgende Übung stellt den Einklang zwischen dem äußeren und dem Himmel in unserem Inneren her. Die Übung mag ungewöhnlich erscheinen, aber ich empfehle jedem, ihr eine Chance zu geben. Dabei sollte man nicht über das Mantra nachdenken, sondern es einfach wirken lassen. Mit dieser Übung können wir wahrhaft unseren Horizont erweitern und uns auf diese Weise von der Anhaftung an unsere »kleine Welt« der Sorgen und Probleme lösen.

Schau nach oben in den Himmel. Achte dabei auf deinen Atemrhythmus.
Denk zunächst beim Einatmen: »Mein Reich ...«
Beim Ausatmen: »... ist nicht ...«
Beim Einatmen: »... von dieser ...«
Beim Ausatmen: »... Welt.«
Wiederhol es wie ein Mantra, während du weiter in den Himmel schaust.

Dann, nach einigen Minuten, schließ deine Augen, und schau nach innen. Behalt den Atemrhythmus bei, während du dein Mantra weiter wiederholst.

Die Kombination von Mantra und Atem ist sehr wirkungsvoll. Bei dieser Übungsform denken wir nicht nach, sondern wiederholen den immer gleichen Gedanken. Wir geben unserem Verstand etwas zu denken, damit er beschäftigt ist. Der Verstand möchte denken, mehr kann er nicht, und mehr will er nicht. Was er denkt, ist ihm egal. Dem Verstand ist es gleichgültig, ob er viele Gedanken miteinander verbindet und auf diese Weise eine Geschichte strickt oder ob er einen Gedanken immer wiederholt.

Nachdenken ist stets Bewertung und Analyse. Beides führt uns manchmal von der Wahrheit fort. Unsere gegenwärtigen Gefühle sind wahr, die Gedanken hingegen, mit denen wir die Gefühle erklären wollen, sind es nicht immer. Mit einem Mantra geben wir dem Verstand Futter. Mantras sind Gedanken ohne Story. Menschen, die viel grübeln, neigen dazu, flach zu atmen.

Indem wir das Mantra mit dem Atem verbinden, atmen wir zugleich tiefer und bewusster.

Jeder mag sich sein Mantra selbst aussuchen. Ein schönes ist zum Beispiel der Satz: »Dieser Moment erfüllt mein Leben«: »Dieser«, *einatmen*, »Moment«, *ausatmen*, »erfüllt«, *einatmen*, »mein Leben«, *ausatmen*.

Ebenso »Einklang mit dem Himmel, Einklang mit mir selbst«: »Einklang«, einatmen, »mit dem«, ausatmen, »Himmel«, einatmen, »Einklang«, ausatmen, »mit mir«, einatmen, »selbst«, ausatmen. Oder einfach, kurz und wirkungsvoll »Ich vertraue«: »Ich«, einatmen, »vertraue«, ausatmen.

Das Mantra muss auf fruchtbaren Boden fallen, das heißt, es muss sich wahr anfühlen. Wenn ich beispielsweise Angst habe, sollte ich mich nicht mit der Wiederholung des Satzes »Ich bin absolut sorgenfrei« selbst belügen. Der Satz »Ich vertraue« ist besser, weil die Saat des (Ur)vertrauens in uns vorhanden ist. Das Mantra ist gleichsam das Gießen der Pflanze meines Vertrauens. Sobald sich der Satz jedoch falsch anfühlt, sollten wir ein anderes, für uns in diesem Moment wahrhafteres Mantra suchen. Wir sollten nicht versuchen, etwas herbeizumeditieren, was nicht bereits vorhanden ist. Die Übungen dienen erst recht nicht zur Erfüllung von »Ego-Wünschen«, wie es manche Anhänger des sogenannten Positiven Denkens praktizieren, indem sie sich bemühen, mithilfe von Affirmationen zukünftig Geld, einen Job oder einen Lebenspartner »anzuziehen«. Mit solchem Bemühen verbleiben sie in der Anhaftung an ihre weltlichen Wünsche, heißt es doch: »Mein Reich ist nicht von dieser Welt!« (Joh 18, 36).

Nach einer Weile sollte man das Mantra loslassen und sich weiterhin nur auf den Atem konzentrieren. Wir verlassen den Verstand und landen im Herzen.

DREIMAL UND NIE WIEDER

Wir müssen unseren emotionalen Verletzungen einen Namen geben, indem wir sie offenbaren. Wenn wir die Geschichte der Verletzung nicht ans Licht bringen, wirkt sie in uns weiter. Doch danach dürfen wir an der Story unseres Leidens nicht weiter festhalten, da diese ansonsten uns festhält. Die folgende Übung wird beiden Aspekten gerecht.

Erzähl drei Menschen unabhängig voneinander die Geschichte deiner Verletzung. Und danach nie wieder!

DER FLUSS DER GEDANKEN

Vergeben bedeutet, die alte Story der Verletzung beziehungsweise Schuld aufzugeben. Die Story in unserem Kopf besteht aus einer Vielzahl von einzelnen Gedanken, die sich zu der Story bündeln. In der folgenden Übung pflücken wir die Bündelung auseinander und geben die Gedanken einzeln ab.

Stell dir vor, du sitzt an einem Fluss. Du achtest auf deinen Atem und schaust auf das vorbeifließende Wasser. Mit jedem Ausatmen fällt ein alter Gedanke in den Fluss.

FRIEDE SEI MIT DIR

Die folgende Übung könnte man als die »Universalübung der Selbstvergebung« bezeichnen. Man kann sie anlassbezogen nach einem ärgerlichen Erlebnis oder auch ritualisiert regelmäßig am Morgen oder Abend durchführen. Mit dieser Übung beginne ich jeden Tag. Auch jeder Meditationsabend und jedes Seminar beginnt bei mir auf diese Weise. Ich bitte die Teilnehmer, sich aufrecht hinzusetzen, die Augen zu schließen und mir zuzuhören. Dann spreche ich die folgende Meditation.

Wenn du möchtest, darfst du Frieden schließen. Du kannst Frieden schließen mit einem Ereignis aus deiner Vergangenheit, einem Ereignis, von dem du sagst: »So, wie das damals gewesen ist, war das nicht in Ordnung, das hätte so nicht sein dürfen, das hätte anders laufen müssen. Mit diesem Ereignis aus meiner Vergangenheit bin ich bis heute noch unzufrieden.«

Du kannst aber auch Frieden schließen mit einer gegenwärtigen Situation, einer Situation in deinem Leben, von der du sagst: »So, wie das momentan ist, ist das nicht in Ordnung, das dürfte so nicht sein, das müsste anders sein. Diese Situation zurzeit macht mich unzufrieden.«

Du kannst aber auch Frieden schließen mit einem Menschen, mit dem du Streit hast, einem Menschen, von dem du sagst. »So, wie er, so, wie sie sich mir gegenüber verhalten hat, war das nicht in Ordnung, das hätte sie, das hätte er so nicht mit mir tun dürfen, das Verhalten dieses Menschen macht mich unzufrieden.«

Und dann mach dir wieder mal bewusst: Immer dann, wenn du Frieden schließt, ist es der Frieden, den du in dir und deshalb auch mit dir schließt. Und wenn du jetzt, zu Beginn des Abends, die Gelegenheit nutzen möchtest, Frieden zu schließen, dann leg deine rechte Hand auf dein Herz und wiederhole in Gedanken immer wieder wie ein Mantra den Satz: »Friede sei mit dir.« Und als fünftes Wort schließt du deinen Vornamen an. Wenn ich diese Übung mache, wiederhole ich immer wieder wie ein Mantra den Satz: »Friede sei mit dir, Peter!«

Indem wir Frieden mit uns selbst schließen, können wir die Unzufriedenheit mit dem vergangenen Ereignis, der momentanen Situation beziehungsweise dem anderen Menschen überwinden.

DER ENGEL AUS DER ZUKUNFT

Eine weitere Technik des Abgebens und Loslassens ist die Übung des »Engels aus der Zukunft«. Jedes Lebensalter ist ein lebendiger Teil von mir. Das Kleinkind, das ich vor fünfzig Jahren gewesen bin, ist ein Teil meines derzeitigen Ich. Es ist nicht verschwunden, sondern lebt immer noch in mir. Der jugendliche Peter ist ebenfalls noch vorhanden. Keine Version meines Ich ist einfach weg. Mit jedem Anteil meines Selbst kann ich Kontakt aufnehmen. Ich kann mich trösten und kann mir Kraft und Heilung senden. In diesem Sinne kann ich mir selbst ein Engel aus der Zukunft sein.

Auch in aktuellen Zeiten der Hilflosigkeit kann ich meinen Engel aus der Zukunft um Hilfe bitten. So wie die Versionen meiner vergangenen Ich in mir leben, so sind auch die zukünftigen Versionen meines Ich bereits jetzt in mir vorhanden. Ich kann schon heute von meiner künftigen Weisheit und Kraft profitieren, die nicht zuletzt aus der jetzigen, für mich noch schmerzhaften Erfahrung entstehen wird.

Stell dir eine Situation aus deiner Vergangenheit vor, eine, in der es dir nicht so gut ging, eine Situation, in der du Hilfe gebraucht hättest. Geh in die Situation hinein, mach sie dir gegenwärtig.

Während du dich mit deinen Gedanken und Gefühlen in der Vergangenheit aufhältst, bist du gleichzeitig hier in diesem Raum. Mach dir bewusst, dass dieser Moment für dein damaliges Ich die Zukunft ist.

Und nun stell dir vor, wie du als Engel aus der Zukunft in die Gegenwart von damals kommst. Man kann dich nicht sehen, aber man kann dich spüren, deine Anwesenheit verändert die Atmosphäre. Du erfüllst dein Ich von damals mit deiner jetzigen Energie. Du gibst dir Wärme und Geborgenheit.

Du sagst zu dir: »Alles ist gut, alles ist in Ordnung. Leg deine Sorgen in meine Hände. Ich kümmere mich darum.«

HINGABE

Wenn wir nicht wissen, wohin mit unserem emotionalen Schmerz, kann die nächste Übung hilfreich sein.

Setz dich aufrecht hin, und schließ deine Augen. Verbinde dich mit deinem inneren Schmerz, deiner Traurigkeit, deinem Schuldgefühl. Stell dir diesen Schmerz als eine Energie vor. Und dann visualisiere, wie du diese Energie von innen nach außen trägst. Stell dir vor, wie du sie zwischen deinen Händen hältst. Hier, in deinen Händen, verwandelt sich die Energie des Schmerzes in Kreativität. Frag dich: »In welches Projekt möchte ich die Energie investieren?« Und dann gib sie hin, power die Kraft in dein Projekt!

DER ERSTE SCHRITT

Wenn wir die Kraft in unser Projekt vorgeschickt haben, müssen wir hinterhergehen. Eine gute Idee ist ohne Umsetzung in die Tat nichts wert. Dabei dürfen wir uns zunächst nur mit dem ersten Schritt beschäftigen und nicht bereits am Anfang mit dem Ziel. Viele scheitern, weil sie zu stark auf ein gewünschtes Endergebnis fixiert sind, das sich vermeintlich nicht schnell genug einstellt. Projekte haben ein Eigenleben, sie entwickeln sich manchmal auf unvorhersehbare Weise und zuweilen auch in ungeplante Richtungen. Wir sollten agieren und dürfen staunen.

Verbinde dich mit deinem Projekt, und frag dich: »Was ist der erste Schritt?«

JEDE DRITTE STUNDE – DANKBARKEIT UND INTENTION

Während jeder Buchlesung bitte ich die Zuhörer, für eine halbe Minute die Augen zu schließen und sich bewusst zu werden, wofür sie dankbar sein können. Anschließend frage ich in die Runde: »Hat jemand nichts gefunden?« In all den Jahren hat sich noch nie jemand gemeldet. Denn es gibt immer Anlass zur Dankbarkeit, wir müssen nur hinschauen. Es ist eine Binsenweisheit, dass wir unzufrieden werden, solange wir auf den Mangel in unserem Leben achten. Die Energie folgt der Achtsamkeit. Achten wir hingegen auf die Fülle, also auf das, was da ist, spüren wir Dankbarkeit und Zufriedenheit.

Dankbarkeit ist ein emotionaler Muskel, der trainiert werden kann und sollte. Viele Menschen haben diesen Muskel jedoch verkümmern lassen und wundern sich darüber, dass ihnen die Lebensfreude abhandengekommen ist. Wenn man dieses Training der Dankbarkeit jede dritte Stunde absolviert, stellt man verblüfft fest, dass man immer einen Grund für Dankbarkeit findet. Vieles Gute und Schöne, was man ansonsten im

Gewusel des Alltags unter der Rubrik »selbstverständlich« ablegt, wird einem auf diese Weise bewusst. Zum Beispiel das Zwitschern der Vögel, ein schönes Wolkenbild am Himmel, das Lächeln einer Verkäuferin im Supermarkt – und so weiter und so fort.

Der zweite Teil der Übung – »Was ist meine Intention in den nächsten drei Stunden?« – macht uns unsere Schöpferkraft bewusst. Wir werden nicht von irgendeiner Macht durch unser Leben getrieben, sondern können Entscheidungen treffen. Dabei verwechsle man »Intention« nicht mit »Ziel«. Frag dich nicht: »Was will ich erreichen?«, sondern: »Was will ich tun?« Das ist ein großer Unterschied. Es geht um die Absicht, nicht um das Ergebnis. Wer sich allzu sehr auf Ergebnisse fixiert, wird enttäuscht, wenn diese anders als gewünscht ausfallen. Wer auf den Weg achtet, gelangt automatisch an ein Ziel. Wer jedoch nur das Ziel im Auge hat, läuft Gefahr, unterwegs zu stolpern.

Der französische Psychiater und Buchautor Christophe André bittet die Teilnehmer in seinen Gruppensitzungen ab und an, sich im Kreis aufzustellen und einen Schritt nach vorn zu tun. Anschließend fordert er sie auf, diesen Schritt zu bedauern und in sich den Wunsch entstehen zu lassen, ihn nie vollzogen zu haben. Auf diese Weise vermittelt er seinen Klienten, dass keine ihrer Handlungen jemals rückgängig gemacht werden kann.

Auch jedes Wort, das wir sagen, kann nicht mehr zu Ungesagtem erklärt werden. Darin liegt unsere Verantwortung. Das gilt auch für unsere Unterlassungssünden, denn manchmal bereuen wir das, was wir nicht getan haben. In solchen Momenten erkennen wir verpasste Chancen und Gelegenheiten.

Es verstreichen auch Tage, in denen wir sehr aktiv sind und dennoch am Abend nicht so recht wissen, was wir eigentlich getan haben. Wir haben agiert, ohne uns unserer Absichten bewusst zu sein. Wir kommen uns getrieben und fremdbestimmt vor.

Mit der Übung »Jede dritte Stunde – Dankbarkeit und Intention« werden wir bewusster. Wir nehmen mehr und mehr die Geschenke in unserem Leben wahr, für die wir dankbar sein dürfen. Und die Klarheit bezüglich unserer Absichten verhindert nachträgliches Bedauern.

Halt jede dritte Stunde kurz inne, und frag dich: »Was ist in den vergangenen drei Stunden geschehen, wofür ich dankbar sein kann?«
Und dann frag dich: »Was ist meine Intention für die nächsten drei Stunden? Was will ich tun?«

WENN ICH WÜSSTE ...

Ein anderes Wort für »Meditation« ist »Kontemplation«. Es kommt vom lateinischen Verb *contemplari* und bedeutet »anschauen« beziehungsweise »betrachten, bedenken«. Dabei schauen wir nach innen statt nach außen und betrachten uns selbst auf eine neue Weise. Ein schönes Beispiel dafür ist die folgende Übung.

Schließ deine Augen, und frag dich: »Wie würde ich mich behandeln, wenn ich wüsste, dass ich heilig bin?«

Wenn wir wüssten, dass wir heilig sind, würden wir uns vergeben!

DIE DALMANUTA-HANDÜBUNG BEI ANGST UND BEFÜRCHTUNG

Die nachfolgende Übung wirkt bei Angst und Befürchtungen. Der Begriff »Angst« kommt von dem althochdeutschen Wort für »Enge«. Wenn wir Angst haben, spüren wir die Enge in unserem Herzen. Wir sind in diesen Momenten nicht dem Himmel zugewandt. Die begleitenden Gedanken sind dabei auf unsere begrenzte Welt der Sorgen gerichtet. Die Emotionen können dann nicht fließen, wir halten ihre Energie gleichsam fest. Sobald wir uns wieder dem Himmel zuwenden und die Tore zum Herzen und zur Welt öffnen, kann sich die Energie aus der Enge befreien, und die Emotionen können wieder fließen.

Wenn du eine Angst verspürst, dann balle deine rechte Hand zu einer Faust, sodass der Handrücken nach oben und die Finger nach unten zeigen. Mach dir bewusst, dass du die Emotionen gerade festhältst, in deiner Faust ist gebündelte Energie.
Nun dreh langsam die Faust um. Sag dir: »Ich wende mich dem Himmel zu.«
Dann öffne die Faust und spüre, wie die Emotionen wieder frei werden und nach oben fließen. Sag: »Ich öffne das Tor zum Himmel.« Dann leg deine offene Handfläche an dein Herz. Sag: »Ich öffne das Tor zu meinem Herzen.« Dann – abschließend – führ deine Hand wieder vom Körper weg und richte deine Handfläche nach vorn aus. Sag: »Ich öffne das Tor zur Welt.«

Die gleiche Technik können wir mit einschränkenden Gedanken und Vorstellungen durchführen. Dabei stellen wir uns vor, dass sich die blockierenden Gedanken beziehungsweise Bilder in unserer Faust befinden. Bei deren Öffnung werden diese frei, sie kommen in Bewegung und verändern sich.

DIE DALMANUTA-VERGEBUNGSÜBUNG MIT LICHT, WASSER UND ERDE

Wenn das Tor zum Himmel geöffnet ist, scheint das Licht. Wenn das Tor zum Herzen geöffnet ist, fließt das Wasser. Wenn das Tor zur Welt geöffnet ist, gedeiht die Erde.
Die folgende Übung ist die aufwendigste, was das benötigte Material und die Vorbereitung betrifft. Man möge sie wie ein Ritual durchführen, und ich verspreche, dass sich der Aufwand lohnen wird.

Nimm dir in einer ruhigen Stunde Zeit für die Vergebung eines schmerzhaften Ereignisses in deinem Leben. Es kann sein, dass du damals durch die Handlung oder die Worte eines anderen Opfer geworden bist. Es kann sein, dass du vom Leben verletzt worden bist, durch einen Schicksalsschlag. Es kann sein, dass du damals Täter gewesen bist und einem anderen Menschen emotionalen Schaden zugefügt hast. Nun spürst du, dass die Zeit der Vergebung gekommen ist. Du hast genug gelitten an dem Schmerz der Verletzung, du hast genug gelitten an dem Schmerz deiner Schuld.

Stell eine Schale in die Mitte des Raums. Am besten eignet sich eine Schale aus Glas, nicht allzu flach und nicht allzu tief. Stell eine Kerze oder ein Teelicht in oder auf die Schale, daneben Material zum Anzünden, Streichhölzer oder Feuerzeug. Neben der Schale platzierst du ein Glas Wasser. Etwas weiter von der Schale und dem Glas entfernt legst du einen Stein hin, den du dir zuvor bewusst ausgesucht hast. Einen Edelstein, bei-

spielsweise einen Rosenquarz, oder einen Stein, den du an einem Strand gefunden hast.

Die Kerze steht für den ersten Schlüssel: das Geständnis.

Das Wasserglas symbolisiert den zweiten Schlüssel: die emotionale Tat.

Der Stein ist ein Symbol für den dritten Schlüssel: Abschluss und Neuausrichtung.

Nachdem du diese Vorbereitungen beendet hast, zünde die Kerze an. Sag dir: »Ich bringe die Sache ans Licht.«

Dann setz dich hin, am besten auf ein Kissen auf dem Boden, wenn es nicht anders geht, auf einen Stuhl. Schließ deine Augen, und verbinde dich mit dem damaligen Geschehen. Erinnere dich: Lass die Bilder, die du damals eingeatmet hast, in dir aufsteigen, und lass alle Gefühle zu, die dabei auftauchen. Geh tief hinein in die Vergangenheit. Nimm dir die nötige Zeit dafür, die Erinnerung ist ein Prozess, den du nicht vorschnell unterbrechen solltest.

Dann frag dich: »Bin ich jetzt bereit zu vergeben?«

Wenn du die Frage mit »Ja« beantwortet hast, öffne deine Augen, geh zu der Schale, und lösche

im Bewusstsein der Vergebung mit dem Wasser die Flamme aus. Sag dabei: »Ich vergebe dem Leben. Ich vergebe den Menschen. Ich vergebe mir.«
Dann nimm den Stein in deine Hand, setz dich wieder auf deinen Platz, und schließ erneut deine Augen. Mach dir bewusst, dass dieser Stein für deine Neuausrichtung steht. Frag dich: »Was möchte ich nun, befreit von der alten Verletzung, tun? Was möchte ich anders oder mit einer anderen inneren Einstellung machen als bisher? Wie möchte ich die Vergebung, die ich gerade erfahren habe, weiter in die Welt tragen?«
Stell dir diese Fragen ohne Druck und ohne Ehrgeiz. Die Antwort darauf muss nicht sofort präsent sein, die Fragen setzen einen Prozess in Gang. Du nimmst den Stein, steckst ihn ein und nimmst ihn mit nach draußen. Trag den Stein in den nächsten Stunden, Tagen oder Wochen bei dir. Immer dann, wenn du ihn wahrnimmst, erinnert er dich an deine Neuausrichtung.

Reiki: Vergebung durch Berührung

Bei einer Razzia zur Bekämpfung des Drogen-, Waffen- und Menschenhandels standen sich vor ein paar Jahren in einer norddeutschen Großstadt ein Polizeiführer und ein Rockerboss Nasenspitze an Nasenspitze gegenüber und schrien sich an. Der Chef der Höllenengel war nicht amüsiert über den ungebetenen Besuch der Polizisten, und deren Einsatzleiter war nicht amüsiert über den Widerstand der Rocker. Im Verlauf des Disputs brüllte der Rockerboss dem Polizeiboss ins Gesicht: »Du musst Reiki machen, Mann!« Der Kripo-Mann tat, wie ihm geheißen. Einige Tage nach dem Einsatz recherchierte er in einer ruhigen Stunde den Begriff »Reiki«, stieß bei seinen Ermittlungen auf einen Kollegen, der das an der Nordsee lehrte, meldete sich zu dessen Seminar an und ist mittlerweile selbst ein Reiki-Meister.

»Früher dachte ich, Reiki wäre nur was für ›Weicheier‹. Heute weiß ich, es ist genau das Richtige für ›harte Jungs‹ wie mich. Was diesen Punkt betrifft, bin ich dem Rocker dankbar, dass er mich damals auf den Weg gebracht hat«, sagte der Kollege.

Zu allen Zeiten und in allen Kulturen gab es Menschen, denen bewusst war, dass sie mit ihren Händen nicht nur den Körper, sondern auch die Seele berühren können. Dazu braucht man außer dem Bewusstsein selbst keine geheimen Symbole und keine Einweihung durch einen anderen. Jeder Mensch kann mit den Händen heilende Energie übertragen. Diese Fähigkeit kann man sowohl für sich selbst als angenehme Form der Meditation als auch für andere einsetzen, die unter körperlichen oder emotionalen Schmerzen leiden oder aber einfach nur ein wenig Energie tanken wollen.

Ich habe mich immer gegen die Vorurteile gewehrt, die manche gegen Reiki haben. Verantwortlich für die Vorurteile waren diejenigen, die in den vergangenen Jahrzehnten diese einfache Form der Meditation und Heilung zu einer beinah sektiererischen Geheimwissenschaft umfunktioniert haben. Der Begriff »Reiki« heißt übersetzt »allumfassende Energie des Lebens«. Ohne diese Kraft gäbe es kein Leben, sie durchfließt alles, was ist, und nicht nur »Eingeweihte«. Für mich ist diese Kraft die Energie, die gleichsam vom Himmel in unsere Herzen einfließt und die wir anschließend in die Welt tragen, jeder an seinem Platz und jeder auf seine Weise. Reiki nach dem Dalmanuta-Prinzip weist den Weg zu uns selbst. Auf diesem Weg begegnen wir den drei großen Themen unseres Lebens: Liebe, Vergebung, Verantwortung. Diese Themen berühren alle Menschen, nicht nur die sogenannten Spirituellen. (Das gilt sogar für Polizisten ...)

Regelmäßig berichtet mir der Kollege in unseren Telefonaten von den Reiki-Behandlungen, die er anderen gibt: »Wenn jemand mit einem persönlichen Problem zu mir kommt und wir im Gespräch darüber nicht weiterkommen, bitte ich ihn, sich auf die Liege zu begeben, und lege einfach nur meine Hände auf seinen Körper und gebe ihm Reiki. Dabei lasse ich mich von meiner Intuition leiten. Die Ergebnisse sind – gerade für mich als ehemals kopflastigen Polizisten – verblüffend. Viele Leute fangen nach wenigen Minuten an zu weinen. Festsitzende Gefühle beginnen wieder zu fließen. Früher habe ich über solche Ausdrücke wie ›seelische Blockaden‹ gelacht, heute gehöre ich zu denjenigen, die sie lösen.«

Berührungen sind oft ausdrucksvoller als Worte. Manchmal ist es besser, zu schweigen und den Menschen, dem wir Trost und Zuversicht vermitteln möchten, einfach in den Arm zu nehmen. Die Hände, die den Körper berühren, berühren zugleich das Thema der emotionalen Verletzung.

Der Körper ist Ausdruck der Seele. Jede seelische, also emotionale Erfahrung ist zugleich auch eine körperliche.

Schließlich ist der Körper an all unseren Erfahrungen beteiligt. Lange Zeit hat die traditionelle westliche Schulmedizin den Zusammenhang zwischen Emotionen und Krankheiten unterschätzt, wenn nicht sogar geleugnet. Dies hat sich mittlerweile geändert. Die Idee der Ganzheitlichkeit von Körper, Geist und Seele setzt sich auch in den Kliniken hierzulande mehr und mehr durch. Heute sind sich die Mediziner der Einflüsse der Gedanken und Gefühle auf die körperliche Gesundheit bewusst. Erinnerungen sind nicht nur gespeicherte Daten in unseren Gehirnen, sie haben sich auch in anderen Zellen unseres Körpers eingeprägt. Insbesondere die unverarbeiteten, also noch nicht vergebenen Emotionen wirken im Körper nach, möglicherweise jahrzehntelang.

Die Lebensenergie kann in der aufbauenden und heilenden oder aber auch in der verletzenden und krank machenden Richtung fließen. Die Praxis des Reiki-Gebens führt zu einer Umkehr der Energierichtung, sowohl bei dem Behandelnden als auch bei dem Menschen, der sich behandeln lässt. Es gibt beim Reiki keinen aktiven und keinen passiven Part. Beide, der Behandelnde und der Empfänger, öffnen sich dem Fluss der Energie. Sie gelangen dabei automatisch in die aufbauende Richtung. Der Empfänger nimmt nicht, er öffnet sich. Er lässt die Energie in sich zu. Er versucht nicht aktiv, sie zu bekommen, er gibt sich ihr hin. Hingabe ist eine Form des Gebens. Sie ist die Energierichtung der Vergebung. Reiki ist Vergebung durch Berührung.

DIE CHAKRA-VERGEBUNGSÜBUNG

In meinen Seminaren vermittle ich die nachfolgend beschriebene Reiki-Meditation, die von jedermann durchgeführt werden kann, unabhängig davon, ob man zuvor in einen Reiki-Grad eingeweiht wurde oder nicht. Reiki nach dem Dalmanuta-Prinzip kommt ohne Einweihung aus. Über die Fähigkeit der Berührung verfügen alle Menschen.

Bei der Übung machen wir uns bewusst, dass wir mit den Händen nicht nur unseren Körper, sondern auch die Themen unseres Lebens berühren. Mit jeder Handposition nehmen wir Kontakt mit jeweils einem Lebensbereich auf. Die Zuordnung der Lebensbereiche beruht auf der Lehre von den sieben Chakren. »Chakra« bedeutet in der deutschen Übersetzung »Rad«. Man könnte sie als Energieräder beschreiben, die in der Art von Mühlen die Lebensenergie, die in uns und um uns fließt, beschleunigen. Solange sich die Räder frei und ungehindert drehen, bleibt die Lebensenergie in Schwung. Der Strom der Energie fließt kraftvoll durch unser Leben. Sind die Räder aber blockiert, kommt auch der Fluss der Energie ins Stocken.

Die Energie fließt nicht nur durch den Körper, sondern auch durch die anderen Bereiche unseres Lebens. So können Blockaden der Lebensenergie sich körperlich durch Krankheitssymptome, aber ebenso gut durch Probleme in Beziehungen zu anderen Menschen oder Schwierigkeiten im Beruf und Ähnlichem bemerkbar machen. Nicht jede Blockade äußert sich also durch ein Krankheitssymptom.

So wie die Hände eine andere Aufgabe als die Füße und die Augen eine andere Funktion als die Ohren haben, so haben auch die einzelnen Chakren, die entlang der Wirbelsäule angeordnet sind, unterschiedliche Zuständigkeiten. Die sieben Bereiche auf einen Blick:

- Körper,
- Kreativität,
- Verantwortung,
- Mitgefühl,
- Ehrlichkeit,
- Urteile,
- Seele.

Das erste Energierad sorgt für den irdischen Schwung. Zu seinen Kompetenzen zählen alle Themen, die mit dem körperlichen Leben auf diesem Planeten zu tun haben, zum Beispiel Essen und Trinken, Sex, Macht und Geld. Dies alles spielt in der geistigen Welt keine Rolle, sondern ist nur hier auf Erden für uns von Belang. Wer mit einem dieser Themen konfrontiert wird und sich davor scheut, blockiert den Fluss der Energie im Wurzelchakra. Es liegt im Bereich des Beckenbodens auf Steißbeinhöhe.

Kreativität ist das Thema des zweiten Energierads. Hier werden Kräfte erzeugt, die sowohl für das Erschaffen wie für das Zerstören eingesetzt werden können. Dieses Rad ist der Motor unseres Handelns. Wer sich scheut, seine Freude in die Tat umzusetzen, seinen Talenten und Fähigkeiten, aber auch seiner Wut und seinem Ärger Ausdruck zu verleihen, wirft Hindernisse in dieses Zentrum der Lebensenergie. Es hat seinen Sitz im Bereich des Bauchs.

Das dritte Rad versorgt die Regierungszentrale unserer Seele. Hier sitzen Verantwortung und Macht. Wer die Verantwortung für sein Leben nicht übernehmen, die Macht, über die er verfügt, nicht ausüben möchte, blockiert dieses Rad der Energie. Ihr körperlicher Sitz ist der Solarplexus, das Sonnengeflecht. So wie eine Nation ihre Hauptstadt meist in der Mitte des Landes ansiedelt, ist auch der Regierungssitz der Seele im Zentrum des Oberkörpers.

Das vierte Rad ist das Herzchakra, der Ort der Liebe, des Mitgefühls und des Vertrauens. Wer glaubt, sich oder andere nicht lieben zu dürfen, wer glaubt, sich oder andere nicht lieben zu können, wer aus Angst vor dem Schmerz sich der Liebe verweigert, blockiert dieses Rad der Energie. Jede Ankunft führt irgendwann zum Abschied. In der Körperlichkeit ist nichts von Dauer. Einer geht immer voran. Entweder verlassen mich die, die mich lieben, oder ich verlasse sie. Die Scheidung kommt im Leben oder durch den Tod. Nur selten geht man zur gleichen Zeit.

Das fünfte Rad ist das Rad der Wahrheit (das Kehlkopf- oder Halschakra). Durch die Sprache teilen wir uns selbst und den anderen mit, was wir denken, was wir fühlen, was wir wollen. Hier sprechen wir wahr oder falsch. Haben wir nicht den Mut, uns unserer Wahrheit zu stellen, blockieren wir dieses Rad der Energie.

Das sechste Energierad ist für den Intellekt zuständig. Es ist die Kraftzentrale der Gedanken und Entscheidungen. Wer seinen Gedanken nicht gestattet, dass sie weiterziehen, ist dabei, das Rad anzuhalten. Grübelei bringt die Energie im Bereich des Stirnchakras beziehungsweise Dritten Auges zum Stillstand. Solange wir grübeln, können wir keine Entscheidungen treffen, die uns weiterbringen.

Das siebte Rad hält die Verbindung zur geistigen Quelle aufrecht. Ist das Rad in Schwung, kommt Inspiration. An Ideen und Eingebungen herrscht dann kein Mangel.

Setz dich auf den Boden oder auf einen Stuhl, und schließ die Augen.

Leg beide Hände zunächst auf den Beckenbereich (Wurzelchakra) und lass die Energie fließen. Du musst dabei nichts Besonderes spüren, du musst nichts visualisieren, dir nichts vorstellen, leg einfach die Hände auf, und sei dir bewusst, dass die Energie fließt. Mach dir bewusst: »Ich nehme Kontakt auf mit meiner Körperlichkeit. Ich vergebe mir meine Nachlässigkeiten im Umgang mit meinem Körper.«

Nach einigen Atemzügen legst du die Hände auf den Bauch und lässt wie oben die Energie fließen. Mach dir bewusst: »Ich nehme Kontakt auf mit meinem Potenzial. Ich vergebe mir meine Nachlässigkeiten beim Ausleben meiner Kreativität.«

Wiederum nach einigen Atemzügen legst du die Hände auf den Solarplexus. Mach dir bewusst: »Ich nehme Kontakt auf mit all den Bereichen meines Lebens, für die ich verantwortlich bin. Ich vergebe mir meine Nachlässigkeiten in der Ausübung meiner Verantwortung.«

Dann legst du die Hände auf den Brustkorb (Herzchakra). Mach dir bewusst: »Ich nehme Kontakt auf mit all dem, was ich liebe. Ich verge-

be mir meine Nachlässigkeiten in Hinblick auf mein Mitgefühl.«

Dann legst du je eine Hand vorn an den Hals und hinten an den Nacken. Mach dir bewusst: »Ich nehme Kontakt auf mit meiner Wahrheit. Ich vergebe mir meine Nachlässigkeiten in Hinblick auf meine Ehrlichkeit.«

Nach weiteren wenigen Minuten wandern die Hände eine Position höher, und du behandelst Stirn und Hinterkopf. Mach dir bewusst: »Ich nehme Kontakt auf mit meinem Verstand. Ich vergebe mir meine Nachlässigkeiten in Hinblick auf meine Urteile.«

Leg die Hände auf den Scheitel (Kronenchakra). Mach dir bewusst: »Ich nehme Kontakt mit meiner göttlichen Quelle auf. Ich vergebe mir meine Nachlässigkeiten in Hinblick auf meine Seele.«

Zum Abschluss legst du deine Hände über Kreuz auf das Herzchakra. Sag dir: »Ich liebe mich, und ich vergebe mir!«

Wir dürfen – wie es für alle anderen Übungen auch gilt – nicht »verkopft« an die Sache herangehen, indem wir krampfhaft nach Nachlässigkeiten suchen, sondern einfach die Chakra-Vergebungstour ohne Ehrgeiz, ohne Anspruch und ohne Ziel durchführen. Die Bereiche, die sich angesprochen fühlen, werden sich schon melden.

Das Dalmanuta-Prinzip als Leitgedanke für emotionale Heilungsarbeit

Vergebung ist ein Akt des Loslassens. Das Gegenteil von Loslassen ist Festhalten. Festgehalten werden Emotionen: Gefühle der Schuld, der Verletzung, des Ärgers, der Traurigkeit und so weiter. Emotionen können, wie gesagt, nicht vom Verstand her gesteuert werden. Die Änderung der inneren Einstellung ist somit keine gedankliche, sondern eine emotionale: Wir sollten dafür Sorge tragen, dass die Gefühle nicht mehr festgehalten werden, sondern in Bewegung bleiben.

Der ungehemmte Fluss der Emotionen ist wichtig für die körperliche und seelische Gesundheit. Es sind nicht nur die »guten« (im Sinne von angenehmen) Emotionen, die uns gesund erhalten, und es sind nicht nur die »schlechten« (im Sinne von unangenehmen) Emotionen, die uns krank machen können. Es ist der Verstand, der bewertet, die Emotion selbst ist wertfrei, sie ist pure Energie, und ihr Wesen ist die Bewegung, die »Motion«. Diese Beweglichkeit sollten wir in uns zulassen; sofern wir sie einschränken oder gar stoppen, blockieren wir die Lebendigkeit in uns. Wir dürfen kein Gefühl, welches auch immer es sei, unterdrücken. Weder dürfen wir versuchen, ein Gefühl zu erzwingen, noch, es zu bezwingen! Das Bemühen, nur noch angenehme Gefühle in sich zuzulassen, wäre eine Einschränkung und somit das Gegenteil von innerer Freiheit! Die innere Freiheit können wir mithilfe meditativer Praktiken wie Qi Gong, Tai Chi, Reiki und so weiter erlangen. Um diese Techniken zu erlernen, müssen wir uns Menschen anvertrauen, die sie lehren. Die Verantwortung der Lehrenden besteht darin, das Vertrauen der Lernenden nicht zu missbrauchen.

Das Dalmanuta-Prinzip ist anwendbar auf alle Formen emotionaler Heilungsarbeit. Es setzt Standards für diejenigen, die sich berufen fühlen, anderen Menschen im Bereich der Meditation, Spiritualität beziehungsweise Persönlichkeitsentwicklung zu helfen. Die Hauptkriterien sind »Bodenständigkeit«, »Verantwortungsbewusstsein« und »gleiche Augenhöhe«, alle drei Kriterien gehen Hand in Hand. Egal, ob es sich bei dem Angebot um einen Yoga-Kurs, ein Qi-Gong-Wochenende, einen Familienaufstellungstag oder um ein Reiki-Seminar handelt, nach dem Dalmanuta-Prinzip sollten sich währenddessen für die teilnehmenden Menschen die Tore zum Himmel, zum Herzen und zur Welt öffnen.

Die Urenergie Liebe darf niemals fehlen, sie ist der einzige Wirkstoff für die Heilung. Und diese kann nur auf der Herzensebene geschehen, Botschaften, die lediglich den Verstand erreichen, heilen nicht. Ein Grundsatz, den ich den spirituellen Lehrer(inne)n in unserer Ausbildung vermittle, lautet wie gesagt: »Begib dich nicht in die Geschichten der Menschen, analysiere nicht die Probleme, sondern öffne die Herzen. Du darfst dir die Storys deiner Teilnehmer anhören, jeder hat das Recht, dir gegenüber sein Herz auszuschütten, aber du darfst nicht selbst Teil der Story werden. Triff keine Entscheidungen für deine Teilnehmer, sondern verhilf ihnen zu der Kraft, die eigenen Entscheidungen zu treffen und dann auch umzusetzen. Animiere die Menschen dazu, selbst auf ihre Weise die Liebe in die Welt zu bringen.«

Die innere Arbeit muss sich auf den äußeren Alltag auswirken. Botschaften ohne praktischen Verwendungszweck taugen nichts. »Was nutzt es dir am Montag auf der Arbeit?«, fragte meine Reikilehrerin Christa immer dann, wenn jemand »esoterisch abgehobenes Zeug« erzählte.

»Denn sie wissen nicht, was sie tun« könnte die Überschrift auf den Plakaten mancher lauten, die sich gern auf Esoterik- und Gesundheitsmessen präsentieren und dabei ihre Dienstleistungen beispielsweise für »Rückführungen in vergangene Leben«, »Rückholung verlorener Seelenanteile«, »Auflösung karmischer Verstrickungen« und dergleichen anbieten. Keiner dieser Anbieter handelt aus böser Absicht, die meisten sind durchaus überzeugt von dem, was sie da tun; oftmals ist ihre Arbeit aber weder bodenständig noch verantwortungsbewusst. Spirituelle Seminare fruchten nicht, solange sie nicht in direktem Bezug zum irdischen Alltag stehen. Mancher Guru vermittelt auch gern den Eindruck, als habe er sich von sämtlichen weltlichen Problemen befreit und lebe sein Leben ausschließlich im spirituellen Sonnenschein. Die Wahrheit ist, dass auch sie mit ihren Sorgen und Ängsten zu kämpfen haben. In dieser Hinsicht begegnen sich nämlich ebenfalls alle Menschen auf gleicher Augenhöhe.

Ich habe nicht den geringsten Zweifel an der Existenz einer geistigen Welt, die mit uns verbunden ist und Einfluss auf unser Leben nehmen kann. Wir sind spirituelle Wesen in einem Körper, und wir sind hier auf der Erde, um irdische Erfahrungen zu machen. Das Wissen um unsere Spiritualität sollte jedoch nicht dazu führen, aus unserer Wirklichkeit zu flüchten.

Nach einem Vortrag in einer esoterischen Buchhandlung kam beispielsweise eine Frau zu mir. »Sind Sie auch Buddhist?«, fragte sie.

»Nein« antwortete ich, »ich bin Christ.«

»Ich auch«, sagte sie. »Ich bin Christin und Buddhistin zugleich. Jesus und Buddha sind an meiner Seite. Was könnte mir passieren?« Mit beinah verklärtem Blick lächelte sie mich an.

»Dann verraten Sie mir mal bitte, was Ihnen jetzt *nicht* mehr passieren könnte?«, fragte ich.

Die Dame stutzte. »Nun ja, Schlimmes halt.«

Mit dieser Antwort gab ich mich nicht zufrieden. »Das ist mir zu abstrakt. Bitte sagen Sie doch mal konkret, was Ihnen jetzt nicht mehr passieren könnte, da Jesus und Buddha an Ihrer Seite sind. Können Sie nicht mehr krank werden? Kann Ihnen kein Unfall mehr widerfahren? Können Sie nicht mehr sterben? Was ist dieses Schlimme, das Ihnen jetzt nicht mehr widerfahren kann?«

Daraufhin verschwand das Lächeln im Gesicht der Frau. Mit meinen Fragen hatte sie offenbar nicht gerechnet. Vermutlich hatte sie mit ihrer Spiritualität ein wenig glänzen wollen, und nun nahm das Gespräch mit mir diesen merkwürdigen Verlauf. Es lag mir fern, sie zu brüskieren, das war nicht meine Absicht. Im Gegenteil, ich nahm sie mit ihrer Aussage ernst.

»Der spirituelle Weg von Jesus führte ihn ans Kreuz«, sagte ich. »Die Kreuzigung war die Voraussetzung für die Auferstehung. Die Botschaft, die ich daraus entnehme, lautet: Wir müssen den Schmerz annehmen, damit wir glücklich werden können. Und als Buddhistin kennen Sie ja die Geschichte vom Prinzen Siddharta, der seine Kindheit und Jugend wohlbehütet und fern von jeglichem Leid in einem Palast verbrachte. Vor seiner Geburt war ihm von einem Seher eine Karriere entweder als ›großer König‹ oder aber als ›großer Heiliger‹ prophezeit worden. Der Vater meinte, dass der Sohn ›etwas Anständiges‹ lernen sollte, und favorisierte daher die erste Alternative. Er verfügte, dass sein Sohn weder mit Leid noch mit Religion in Kontakt kommen durfte. Die Sehnsucht Siddhartas nach dem echten Leben war jedoch stärker als der Wunsch, König zu werden. Er brach als junger Erwachsener aus dem goldenen Käfig aus und begegnete einem verkrüppelten Greis, einem Fieberkranken, einem verwesenden Leichnam und einem Asketen. Er begegnete also Schmerz, Leid, Armut und Tod. Ich für meinen Teil wäre also vorsichtig, wenn ich Jesus und Buddha an meiner Seite hätte«, schloss ich meinen kleinen Vortrag.

Ich spüre oft die Begleitung und Führung einer Präsenz, die ich als meinen geistigen Lehrer bezeichne. Sie hilft mir, mein Leben so intensiv und bewusst wie möglich zu leben, mit allem, was dazugehört. Geistige Wesen, zu denen ich auch Jesus und Buddha zähle, sind keine Bodyguards, die uns wie kleine Kinder vor Unheil bewahren möchten. Vielmehr packen sie mit an, wenn wir ihnen beweisen, dass wir es mit unseren Absichten ernst meinen. Die Beweise liefern wir mit unseren Handlungen. Ob wir es mit unserem Willen ernst meinen, zeigen wir nicht durch das, was wir denken, sondern durch das, was wir tun. Dies gilt auch für Vergebung, ob wir es mit ihr ernst meinen, zeigt sich durch unserer anschließendes Verhalten. Unsere Vergebung wäre nutzlos, wenn sie keine Konsequenzen hätte. Auch wenn wir einen Schlussstrich gezogen haben – die Lehren aus den alten Erfahrungen sollten wir mitnehmen. Wir sollten Schlussfolgerungen ziehen und nicht wieder in alte Verhaltensmuster zurückfallen. Aus dem Schuld- oder Verletzungsbewusstsein muss Verantwortungsbewusstsein werden. Wir übernehmen die Verantwortung dafür, dass es nunmehr anders laufen wird. Aus der Last der Vergangenheit wird ein Auftrag für die Zukunft, nach »Ich gebe ab« folgt »Ich gebe mir auf«.

Die Freiheit von Dogmen ist ein weiteres wichtiges Kriterium für die Ausbildung nach dem Dalmanuta-Prinzip: »Verhilf den Menschen zu einer neuen Sicht, aber schreib ihnen nicht vor, an was sie glauben sollten.« Der Weg zu einer neuen Sichtweise führt weniger über Vorträge als über Übungen. Es geht um Erfahrungen, nicht um Wissensvermittlung. Eine dieser Erfahrungen ist Vergebung.

DIE DALMANUTA-MEDITATION

Die Dalmanuta-Meditation bildet den Abschluss des Übungsprogramms. Regelmäßig durchgeführt, bewirkt sie wahre Wunder. Wir sollten sie auch dann praktizieren, wenn wir kein aktuelles Vergebungsthema zu bearbeiten haben.
Zu Beginn der Übung nehmen wir Haltung an: Wir sind aufrecht und offen. Die äußere aufrechte

Haltung entspricht der inneren aufrechten Haltung, die wir gegenüber uns und dem Leben einnehmen. Wir buckeln nicht rum, sondern gehen aufrecht durchs Leben. Wir haben Hochachtung vor uns selbst! Wir haben Hochachtung vor unserem Leben! Und wir sind offen: Wir verschließen uns nicht vor Erfahrungen, vor Begegnungen, vor Gefühlen. Mit dem Einnehmen einer bewussten Haltung sollten wir jeden neuen Tag in unserem Leben beginnen: Hochachtung und Offenheit. Damit fängt jede Heilung an.

Indem wir dann unsere Achtsamkeit auf den Atem lenken, machen wir uns unsere wahre Identität bewusst. Wir erkennen, wer beziehungsweise was wir wirklich sind: Wir sind ein nicht endender, fließender Prozess. Der Atem ist der Motor unseres Lebens, er steht nicht still, er strebt nicht nach einem endgültigen, möglicherweise perfekten Ziel. Er konfrontiert uns nicht nur mit unserer wahren Identität, sondern auch mit unserer wahren Größe: Wir sind so lebendig wie das Licht, wir sind so lebendig wie das Wasser, wir sind so lebendig wie die Erde. Diese drei atmen ebenso wie wir: Tag und Nacht, Ebbe und Flut, Aufblühen und Verblühen. Wir sind so großartig wie das Licht, das Wasser und die Erde. Sie sind die Schlüssel, die zu uns passen!

Setz dich aufrecht hin. Deine Handflächen sind offen und zeigen nach oben.
Schließ deine Augen, und werde regungslos.
Achte auf deinen Atem. Du atmest ein und aus.
Deine äußere Haltung entspricht nun deiner inneren Haltung, die du dir selbst und dem Leben gegenüber einnimmst:
Hochachtung und Offenheit.
Du öffnest die Tore:
zum Himmel,
zum Herzen,
zur Welt.

Tag und Nacht sind das Ein- und Ausatmen des Lichts.
Das Licht atmet – so wie du!
Ebbe und Flut sind das Ein- und Ausatmen des Wassers.
Das Wasser atmet – so wie du!

Aufblühen und Verblühen sind das Ein- und Ausatmen der Erde.
Die Erde atmet – so wie du!

Mit jedem Atemzug atmest du den Himmel ein und aus.
Wenn du den Himmel einatmest,
bist du so alt wie der Himmel selbst.
Wenn du den Himmel einatmest,
bist du so neu wie der Himmel in jedem Augenblick.

Der Himmel über dir ist unendlich:
unendlich weit, unendlich tief.
Der Himmel in dir ist unendlich:
unendlich weit, unendlich tief.
Unendliches Leben,
unendliche Liebe,
unendliches Vertrauen.

Sechs Leitsätze für Seminarleiter

Die folgenden Leitsätze sind wichtige Standards für Seminarleiter(innen), die auf der Grundlage des Dalmanuta-Prinzips mit Menschen im Bereich der Persönlichkeitsentwicklung insbesondere an den Themen »Liebe«, »Vergebung« und »Verantwortung« arbeiten möchten.

I.

Wir bieten unseren Teilnehmern gute Seminare und stehen ihnen auch anschließend als Ansprechpartner zur Verfügung. Wir stellen den Menschen, die zu uns kommen, unser Wissen und unsere Hilfe zur Verfügung.

Gute Seminare bestehen nicht aus purer Wissensvermittlung, sondern berühren die Herzen. Vergebung ist ein emotionaler Prozess, der nicht in zwei oder drei Seminartagen abgeschlossen ist. Daraus ergibt sich der Anspruch, einen Teilnehmer nach dem Seminar nicht auf sich alleingestellt zu lassen.

2.

Wir lehren, aber wir belehren nicht. Wir leisten Hilfe zur Heilung, aber wir heilen nicht.

»Ich lehre, was ich weiß. Ich belehre, was ich besser weiß ...« Seriöse Seminarleiter sind in diesem Sinne keine Besserwisser, die andere darüber belehren, was sie anders machen sollen, sondern lehren das, was sie für sich selbst erfahren haben, und machen den Teilnehmern das Angebot, von diesen Erfahrungen zu profitieren. Aber sie machen keinerlei Versprechen, worin der Profit liegt. Konkrete Heilungsversprechen sind immer unseriös.

3.

Wir verbreiten keine Angst, indem wir einen rechten Weg predigen und vor einem unrechten warnen. Wir glauben nicht an dunkle Mächte und böse Energien. Wir lehren Eigenverantwortung statt Fremdbestimmung.

Dieser Leitsatz ist vermutlich der wichtigste. Er beschreibt das Hauptkriterium, woran man die Scharlatane erkennen kann. Diese manipulieren Menschen, indem sie Ängste setzen. Sie bezeichnen sich oft als »Lichtarbeiter«, die den Menschen zeigen, wie man sich vor dem Dunklen und Bösen schützen kann. Die Warner vor dem Bösen sind dessen wirkungsvollste Prediger.

4.

Wir arbeiten, weil wir Freude daran haben, und nicht, weil wir uns dazu verpflichtet fühlen. Wir wissen, dass wir alles auch für uns und nichts nur für andere tun.

Ein guter Seminarleiter hat Freude an seiner Arbeit und ist dankbar für jeden Teilnehmer, der sich ihm anvertraut. Dankbarkeit ist eine gute Basis für die gemeinsame Arbeit an emotionalen Verletzungen.

5.

Wir betrachten die Menschen, die zu uns kommen, nicht als Schüler. Für uns gibt es kein Oben und kein Unten. Wir reichen die Hand und nehmen zugleich die Hand des anderen. In diesem Sinne geht es immer eins zu eins aus.

Oftmals hörte ich die Aussage, dass ein Heiler zunächst sich selbst heilen müsste, bevor er andere heilen könnte. Ich sehe das anders. Seminarleiter und Teilnehmer arbeiten gemeinsam am Thema »Heilung«, sowohl an ihrer als auch an der des anderen. Wir sitzen alle in einem Boot und haben alle unsere emotionalen Verletzungen. Wer so tut, als hätte er bereits alle überwunden, lügt. Lügen sind keine gute Basis!

6.

Wir sind nicht verantwortlich für die Menschen. Jeder muss sein Leben selbst leben. Aber wir sind verantwortlich für unsere Arbeit.

Das Einzige, was ein Seminarleiter erreichen kann, ist, dass er sein Bestes gibt: vor dem Seminar durch seine Vorbereitung, während des Seminars durch seine Präsenz und nach dem Seminar durch das Angebot, weiterhin bei Bedarf zur Verfügung zu stehen.

IV. Die Vision

»Liebt einander, so wie ich euch geliebt habe.«
Joh 15, 12

Vertrauen, Glaube und das Gefühl der Einheit

Vor einiger Zeit beschrieb ich mein inneres Lebensgefühl mit dem Bild eines Menschen, der sich als Passagier auf einem Schiff befindet, das ohne Kapitän und ohne Steuermann auf dem offenen Meer herumtreibt. Der Ozean ist das Leben als solches, unberechenbar, mal stürmisch und mal ruhig; und das Schiff ist meine Erfahrung, die ich inmitten dieses unberechenbaren Lebens mache. Wie aus heiterem Himmel kann jederzeit ein Tsunami herbeiziehen und mein Schiff kentern und mich ertrinken lassen. Ich spürte: Ich habe keinerlei Kontrolle. Mit diesem Gefühl kehrte die Angst vor der Ungewissheit zu mir zurück, ich musste darauf achten, dass ich nicht das Vertrauen in das Leben selbst verliere. Oft dachte ich an die Worte meiner geistigen Lehrer: »Richte dein Vertrauen niemals auf etwas außerhalb von dir selbst.« Doch wie sollte ich Vertrauen zu mir selbst spüren, wenn ich weder der Kapitän noch der Steuermann, sondern lediglich ein machtloser Passagier auf dem Schiff meines Lebens bin?

Im Laufe der Zeit wurde mir wieder bewusst, dass ich in die Kleingläubigkeit zurückgefallen war. Ich hatte das Leben »als solches« von »meinem« eigenen Leben abgetrennt und dadurch die Verbindung zu meiner Quelle verloren. Denn die Quelle meiner persönlichen Lebenserfahrung als Peter Michael Dieckmann ist doch dieses große ganze Leben selbst, das seit Ewigkeiten existiert. Die Energie dieser Quelle hat alles, was es jemals gab, hervorgebracht. Und diese Energie wird alles hervorbringen, was es in Zukunft jemals geben wird. Und diese Energie hat auch mich hervorgebracht. Wenn ich also mir vertraue, vertraue ich zugleich der Quelle. Solange mein Vertrauen nach außen gerichtet ist, kann ich es nicht in mir spüren. So verstehe ich – nunmehr wieder – die Botschaft meiner geistigen Lehrer. »Richte dein Vertrauen niemals auf etwas außerhalb von dir.«

Die Frage nach unserer Groß- beziehungsweise Kleingläubigkeit lautet: Was glauben wir, wer wir sind? Halten wir uns selbst für kleine, von der Quelle abgeschnittene, sich selbst überlassene Lebensfragmente? Oder halten wir uns für große, mit ihr für immer verbundene Anteile der

Quelle? Oder – kaum auszudenken, geschweige denn auszusprechen – glauben wir sogar, die Quelle selbst zu sein? »Ich und der Vater sind eins«, sagte Jesus (Joh 10, 30). Das war sein Glaube, und das war seine Botschaft, damals blasphemisch für seine Zeitgenossen, heute Mainstream für alle Christen. Bezogen auf uns selbst klingt es für viele immer noch wie Blasphemie.

Für Jesus war der Himmel der sichtbare Ausdruck der Quelle, die Jesus »Vater« nannte. Ich könnte mir sehr gut vorstellen, dass er seinen Schülern gesagt hat: »Schaut nach oben zum Himmel, wenn ihr Gott sucht. Und schaut nach oben, wenn ihr mich sucht. Egal wann und egal wo: Immer seht ihr denselben Himmel. Ich bin bei euch alle Tage!« Der Himmel kennt keine Grenzen, er ist unendlich. Überall auf der Welt können wir zu jeder Zeit nach oben schauen und uns bewusst machen, woher wir kommen. Überall auf der Welt können wir zu jeder Zeit nach oben schauen und uns bewusst machen, wer wir wirklich sind.

Der Himmel ist sichtbar und unsichtbar: Sichtbar über uns, wenn wir die Augen geöffnet und den Blick nach oben gerichtet haben. Unsichtbar, wenn wir die Augen geschlossen haben und nach innen schauen. Zugleich ist der Himmel ein Synonym für die eine göttliche Quelle, für den Ursprung allen Seins. Wenn wir einem Menschen begegnen, der sich selbst mit der himmlischen Quelle verbunden fühlt, passiert etwas in uns. Die Ausstrahlung eines solchen Menschen lenkt unsere Achtsamkeit automatisch auf die Quelle selbst. Der andere strahlt den Glauben an die Fülle aus, wenn wir ihn anschauen, sehen wir das Licht des Himmels. Wenn uns ein solcher Mensch berührt, mit seinen Worten, seinen Augen, seinen Händen, fühlen wir uns gleichsam vom Himmel berührt. In diesem Moment wandelt sich unser eigener momentaner Glaube an den Mangel in den Glauben an die Fülle. Auf diese Weise heilte Jesus. »Dein Glaube hat dir geholfen«, sagte er.

Glaube ist kein Gedankenkonstrukt, auf das wir unser Weltbild gründen. Glaube hat nichts mit Konzentration oder gedanklicher Akrobatik zu tun. Unser Glaube wird – in jedem Moment – durch unsere Achtsamkeit bestimmt: Wir glauben an das, was wir gerade wahrnehmen. Fühlen wir Zweifel, glauben wir an Zweifel, fühlen wir Traurigkeit, glauben wir an Traurigkeit, fühlen wir Dankbarkeit, glauben wir an Dankbarkeit, fühlen wir Freude, glauben wir an Freude. Glaube ist keine dauerhafte innere Einstellung, sondern immer eine momentane Ausrichtung. In jeder Sekunde kann sich unser Glaube ändern. Zum Beispiel dann, wenn wir einen »glaubwürdigen« Menschen treffen, der uns berührt. Ein kompetenter Arzt beispielsweise, der uns Hoffnung auf Genesung macht, wirkt auch durch seine Ausstrahlung von Glaubwürdigkeit. Der Heiler vermittelt uns die Botschaft: »Fürchte dich nicht! Dein Vertrauen darauf, wieder gesund zu werden, ist berechtigter als deine Furcht, krank zu bleiben.«

Ein guter Umgang mit der Furcht ist, uns in den Fällen, in denen wir sie spüren, klarzumachen, dass wir nun unseren Blick vom Himmel abgewandt haben. Wir sollten unsere Angst als Aufforderung verstehen, wieder nach oben in den Himmel zu schauen und uns unserer Verbindung zu »allem, was ist«, bewusst zu werden. Emotionale Verletzungen gehen vielfach mit dem Gefühl des »Getrenntseins« einher: Einsamkeit ist das Gefühl des »Getrenntseins« von Liebe, mangelnder Selbstwert ist das Gefühl des »Getrenntseins« von Anerkennung, Zwang ist das Gefühl des »Getrenntseins« von innerer Freiheit, Zweifel ist das Gefühl des »Getrenntseins« von Vertrauen, Schuld ist das Gefühl des »Getrenntseins« von Vergebung und so weiter. Wenn die Trennung überwunden wird, entsteht Heilung. Heil bedeutet »Ganzsein«, alles ist mit allem verbunden. Und wer könnte heiler sein als ein Mensch, der sich mit der himmlischen Quelle verbunden fühlt?

In der Einheit gibt es keine Schuld, denn auch die Trennung zwischen Täter und Opfer ist aufgehoben. Das

Gefühl der universellen Einheit bedeutet totale Vergebung.

DER KLEINE TROPFEN

*Als die Zeit gekommen war,
sagte die Quelle zum Tropfen:
Fließe hinaus in die Welt, lerne, helfe und habe Spaß dabei.*

*Stell dir einen kleinen Tropfen in einer großen schwarzen Regenwolke vor.
Er ist in der Wolke mit vielen anderen Tropfen, aber dein Tropfen fühlt sich von all den anderen getrennt.*

*Er hat ein Ich, so wie all die anderen Tropfen auch.
Dein Tropfen ist unteilbar, er ist ein Individuum.
Er kann niemals zerstört werden, er kann sich nur verbinden. Aber dein Tropfen in der Wolke weiß das nicht.*

*Er fühlt es zwar, ahnt es, aber ganz sicher ist er
sich nicht.*

*Und nun erhältst du einen göttlichen Auftrag:
die Begleitung und Führung des kleinen Tropfens,
der sich auf die Reise durch das Leben machen
muss.*

*Er muss sich mit anderen Tropfen zu Regen verbinden,
er muss sich mit anderen Tropfen zu einem
Bach verbinden,
er muss in einen Fluss einfließen,
und schließlich muss er hinaus in den Ozean.*

*Vor jeder dieser Veränderungen hat dein Tropfen
Angst.
Er hat Angst zu fließen, er hat Angst, sich zu
verbinden, er hat Angst, sich zu verändern.
Deine Aufgabe ist, dem kleinen Tropfen die
Angst zu nehmen.
Du weißt, dass es seine Bestimmung ist, zu
fließen und zu wachsen.*

Und dein Tropfen spricht dich an, wenn er wieder die Angst verspürt,
wenn er nicht weiß, wie es weitergeht mit ihm.
Wenn er sich wohlfühlt, bittet er dich darum, dass es so bleibt,
aber du weißt, dass es nicht so bleibt,
dass es immer weitergeht und dein Tropfen eines Tages zurück zur Quelle finden wird.

Und du sagst ihm, dass er eines Tages begreifen wird,
dass er nicht ein kleiner Tropfen,
sondern selbst die Quelle ist.[14]

Das, was du bist, das werde

In Sichtweite von Dalmanuta liegt der Berg der Seligpreisungen. Als ich von dort auf den See Genezareth schaute, dachte ich an die Vision der Menschen, die Jesus begleitet haben. Was hat diese Männer und Frauen damals angetrieben? Welche Ziele haben sie verfolgt? Die Gründung einer Kirche, ob katholisch, evangelisch oder anderer Art, wird es doch wohl nicht gewesen sein. »Die Kirche ist kein Gebäude und keine Institution, die Kirche des Meisters der Liebe wird in den Herzen der Menschen gebaut«, schrieb ich vor etlichen Jahren. Die Jünger, zu denen wohl mehr Frauen gehörten, als manch frommer Kirchgänger vermuten mag, folgten einem lebensfrohen Lehrer, der von seinen Gegnern als »Fresser und Säufer« bezeichnet wurde. »Siehe, was ist dieser Mensch für ein Fresser und Weinsäufer, ein Freund der Zöllner und Sünder!«, heißt es im Matthäus-Evangelium (Mt 11, 19).

Es waren nur zwei, maximal drei Jahre, in denen Jesus wirkte, es gab damals kein Fernsehen, kein Radio, kein Internet, und dennoch verbreitete sich die Geschichte von Jesus und seinen Schülern wie ein Lauffeuer um die Welt. Wie viel Begeisterung und Überzeugungskraft gehörten wohl dazu, dass aus einer kleinen jüdischen Sekte innerhalb von Jahrzehnten eine Massenbewegung wurde? Im Gegensatz zu anderen strenggläubigen Juden glaubten die Anhänger Jesu nicht mehr an einen richtenden und strafenden Gott, sondern an die Erlösung von jeglicher Schuld. »Und er ist die Versöhnung für unsre Sünden, nicht allein aber für die unseren, sondern auch für die der ganzen Welt«, schrieb der Verfasser des ersten Johannes-Briefs (1. Joh 2, 2). Ihre Vision war Vergebung: »Selig sind die Barmherzigen; denn sie werden Barmherzigkeit erlangen« (Mt 5, 7).

Der Berg der Seligpreisungen ist Symbol für die zentralen Lehren des Christentums: die Bergpredigt und das Vaterunser. Für mich spricht das Gebet niemand schöner als die Weseler Meditations- und Reikilehrerin Stefanie Schremmer. In einer Meditation verbindet sie die ursprünglichen Worte mit ihrer Inspiration: »Der Meister der Liebe lehrte seine Schüler zu beten. Er tat dies in einem syrisch-aramäischen Dialekt: ›Abwûn d'bwaschmâja. Nethkâdasch schmach. Têtê malkuthach.‹ Einer übertrug die Worte vom Syrisch-Aramäischen ins Hebräische, vom Hebräischen ins Griechische, vom Griechischen ins Lateinische und vom Lateinischen ins Deutsche: ›Vater unser im Himmel. Geheiligt werde dein Name. Dein Reich komme.‹ Einer besann sich wieder auf die ursprünglichen Worte des Meisters: ›Abwûn d'bwaschmâja.

Nethkâdasch schmach. Têtê malkuthach‹, nahm die Worte und übertrug sie vom Syrisch-Aramäischen direkt ins Deutsche: ›Du Möglichkeit der Liebe in mir: Das, was du bist, das werde!‹«

Neil Douglas-Klotz hat ein wunderbares Buch über das Vaterunser verfasst.[15] Darin beschreibt er Meditationen und Körperübungen, mit deren Hilfe wir die wahre Bedeutung des Gebets, die jenseits des Verstandes liegt, erfassen können. Er regt dazu an, die Worte zu atmen, sie gleichsam in uns »tanzen zu lassen«. Wenn wir die Worte in uns fühlen, statt sie gedanklich zu interpretieren, können sie uns helfen, uns mit der göttlichen Heilquelle der Vergebung zu verbinden. Zugleich zentrieren wir uns mit solchen Übungen auf den gegenwärtigen Moment, also den einzigen Zeitpunkt, an dem Vergebung geschehen kann.

Ich habe mehrfach erlebt, wie sehr das Vaterunser Menschen berühren kann. Wenn Stefanie das Gebet auf ihre Weise spricht, verändert sich die Atmosphäre im Raum. Jenseits von allen gedanklichen Deutungen besitzt allein der Klang der ursprünglichen Worte eine heilende Kraft, die auf der emotionalen Ebene wirkt.

Die jüdische Tradition nennt diese Art der spirituellen Interpretation »Midrasch«. Dem Begriff liegt das hebräische Verb *darash* zugrunde, was sinngemäß »[die Antwort

Gottes] suchen« bedeutet. Jeder Gedanke, jedes Wort, jeder Satz und jedes Buch könnte jedoch nur einen minimalistischen Teil dieser Antwort zum Ausdruck bringen. Doch was wäre, wenn die Antwort Gottes, die wir suchen, jederzeit und überall auf der Welt sichtbar wäre? »Selig sind, die reinen Herzens sind, denn sie werden Gott schauen«, sprach Jesus in der Bergpredigt (Mt 5, 8). Ein reines Herz ist unvoreingenommen und frei von Urteilen. Ein reines Herz ist voller Liebe. Die Liebe ist mit dem Verstand nicht zu erfassen, sie ist kein Gedanke, kein Konzept und keine Theorie, sie ist unfassbar und unerklärbar, sie ist wahrhaft göttlich. Doch was, wenn die göttliche Liebe nicht nur ein Gefühl in uns wäre, sondern zugleich jederzeit und überall auf der Welt sichtbar vor unseren Augen läge – was wäre, wenn wir nur nach oben schauen müssten?

Wenn mein Freund Russell in Neuseeland nach oben schaut, sieht er den gleichen Himmel wie ich hier in Deutschland, obwohl wir beide in gegensätzliche Richtungen blicken. Wir sind rundum umgeben vom Himmel. Wir leben inmitten des Göttlichen! Es braucht keine New-Age-Bewegung und keinen neuen Glauben, sondern lediglich eine andere Sicht. Wir sollten mit neuen Augen in den Himmel schauen. Wenn wir dies in dem Bewusstsein tun, dass wir mit unserem Blick in den Himmel dem Göttlichen nicht nur symbolisch, sondern tatsächlich ins Angesicht schauen, können wir seine Botschaft in uns vollständig aufnehmen: die Botschaft der Unendlichkeit! Unendliches Leben, unendliche Liebe, unendliches Vertrauen.

Der Himmel über uns ist keine Person, er ist weder Mann noch Frau, er ist weder eine Nation noch eine Religion, er unterscheidet nicht zwischen Hautfarben und Rassen, er hat keinen Standpunkt, keine Meinung, kein Urteil und kein Ziel, er ist einfach nur da, überall und jederzeit. »Ich bin bei euch, alle Tage!« (Mt 28, 20).

»Wo fängt der Himmel an?«, habe ich mich gefragt. »Dort oben, wo die Vögel fliegen, oder nicht bereits unmittelbar vor meinen Augen?« Ich atme den Himmel ein, in jedem Moment! Wenn ich den Himmel einatme, bin ich so alt wie der Himmel selbst. Und wenn ich den Himmel einatme, bin ich so neu wie der Himmel in jedem Augenblick. Die Unendlichkeit des Himmels ist meine eigene Unendlichkeit. Ich bin unendliches Leben, unendliche Liebe, unendliches Vertrauen.

Meine persönliche Vorstellung, dass der Himmel das Göttliche höchstselbst ist, mag naiv erscheinen, doch: »Selig sind, die da geistlich arm sind; denn ihrer ist das Himmelreich« (Mt 5, 3). Ich habe den Mut, ein Narr zu sein, und empfehle daher als letzte Übung in diesem Buch die Meditation der Gottesschau: *Blicke jeden Tag einmal mit reinem Herzen in den Himmel!*

Der göttliche Himmel ist nicht statisch und nicht fest, er ist immer in Bewegung, unfassbar und ungreifbar. Mit diesem Bewusstsein dürfen wir auch nach innen schauen: Wenn wir die Augen schließen, sehen wir den gleichen göttlichen Himmel. Er umgibt uns, und er durchströmt uns. Unsere innere Welt ist so unendlich weit wie der Himmel über uns. In uns liegt das Potenzial der Unendlichkeit: »Du Möglichkeit der Liebe in mir: Das, was du bist, das werde!«

Was wäre möglich, wenn wir alle die Tore zur Liebe und zur Vergebung öffneten?

Abwûn d' bwaschmâja
Nethkâdasch schmach
Têtê malkuthach
Nehwê tzevjânach aikâna d' bwaschmâja af b' arha
Hawvlân lachma d' ûnkanân jaomâna
Waschboklân chaubên (wachtahên) aikâna daf chnân
schvoken l' chaijabên
Wela tachlân l' nesjuna ela patzân min bischa
Metol dilachie malkutha wahaila wateschbuchta l' ahlâm
almîn.
Amên.

Geliebter Vater!

Deine Gegenwart – lass geheiligt werden!

Deine Herrschaft – lass sich ausbreiten!

Dein Wille – lass geschehen!

Lass geben uns unsere Nahrung!

Lass vergeben uns unsere Sünden!

Lass retten uns aus unserer Versuchung![16]

Das Manifest der Vergebung

Dreh dich nicht um, sondern folge deiner Bestimmung!

Die Vergangenheit ist unveränderlich. An deinen alten Geschichten kannst du nichts mehr ändern. Du kannst es nur noch in der Zukunft anders machen. Je mehr Vergangenheit du hinter dir hast, desto mehr Unveränderliches hast du zu tragen. Viele Menschen leben überwiegend in der Erinnerung, sie schauen mehr nach hinten als nach vorn. Deshalb wandeln sie sich nicht mehr. Wandlung kann es allein in der Zukunft geben. Wer nur noch nach hinten schaut, kann sich nach vorn nicht mehr verändern. Er wird wie Frau Lot, die einst zur Salzsäule erstarrte.

Die Bestimmung des Lebens ist Kreativität. Kreativität ist nicht zu stoppen. Wir sehen es am körperlichen Alterungsprozess. Das Altern des Körpers ist nicht aufzuhalten. Altern ist nichts anderes als ständiges Erschaffen. Doch wie viele Leute versuchen, das Leben aufzuhalten? Wie viele Leute wehren sich gegen das Altern? Aber sie schaffen es nicht. Das Leben ist unaufhaltbar.

Wenn der Mensch seine Kreativität lebt, Ja zu seinem Leben sagt, dann lebt er seine Göttlichkeit. Er lebt das, wozu er bestimmt ist. Der Versuch, nicht kreativ zu sein, ist die Verleugnung der eigenen Göttlichkeit. Zwar kann der Mensch seine Göttlichkeit verleugnen, er kann sie damit aber nicht aus der Welt schaffen. Jeder Versuch, Kreativität zu verhindern, ist unweigerlich zum Scheitern verurteilt. Wir haben nur die Wahl, die Kreativität zu unserem Wohl oder zu unserem Schaden einzusetzen. Dies gilt lebenslang!

Jeder Lebensabschnitt bietet Chancen, die vorher nicht da waren. Das Geschenk des Alters ist Genuss, das Geschenk der Jugend ist die Unbekümmertheit.

Ein Neuanfang ohne jede Erfahrung bietet die Möglichkeit, sich absolut unbekümmert in vermeintlich unvernünftige Abenteuer zu stürzen, einfach so draufloszuleben. Ein junger Mensch kann noch die Dinge tun, vor denen die Älteren warnen. Zu viel Erfahrung blockiert das Leben! Der ständige Wechsel zwischen Erfahrung und Neuanfang bringt Pfeffer in das ewige Leben.

Vermeide Ehrgeiz! Beachte stattdessen deinen Reichtum!

Ehrgeiz ist die Fixierung auf ein Ziel in der Zukunft. Und wenn du es erreicht hast, schaffst du dir wieder ein neues Ziel, das du erreichen willst. Doch wann kommst du an? Wann kommst du bei dir selbst an? Deine Kreativität kommt ohne Ziele aus. Der kreative Prozess endet nie, er hat kein Ziel. Die Kreativität kennt weder Erreichen noch Versagen, sie kennt keine Erwartungen und deshalb auch keine Enttäuschungen. Kreativität kommt ohne Vergebung aus!

Viele haben den Ehrgeiz, Ziele zu erreichen, die sie eher unglücklich als glücklich machen: Sie geben beispielsweise keine Ruhe, bis sie Chef geworden sind, Eigentümer geworden sind – und so weiter –, weil sie glauben, ansonsten nichts wert zu sein. Sie streben nach

Selbstwert durch die Ziele, die sie verfolgen. Sie haben einen Anspruch an sich selbst, der mit Selbstverpflichtung einhergeht. Doch handle niemals aus dem Glauben heraus, dass dich ein Ergebnis wertvoller machen könnte!

Wenn du darauf fixiert bist, etwas erreichen zu wollen, was immer es auch sei, projizierst du ein Bild aus der Vergangenheit in die Zukunft. Du glaubst, das, was du dir wünschst, zu kennen. Du hast davon gehört, hast dir ein Bild davon gemacht. Glaubst zu wissen, wie es ist, reich zu sein, wie es ist, erleuchtet zu sein. Zumindest glaubst du zu wissen, dass es dir ein gutes Gefühl verschafft. Das Gleiche gilt für das, wovor du Angst hast, was du vermeiden möchtest. Du glaubst zu wissen, dass es dir ein schlechtes Gefühl verschafft. Auch dabei hast du ein Bild aus der Vergangenheit und hoffst darauf, dass es dir in der Zukunft nicht begegnet. Und die ganze Zeit, während du mit deinem Bild aus der Vergangenheit auf »den Messias« in der Zukunft wartest, verpasst du den jetzigen Augenblick. Alles, was nicht in deinem Blickfeld ist, ist nur ein Bild in deinem Kopf. Sieh stattdessen auf das, was da ist. Dein wahrer Reichtum ist immer in deinem Blickfeld.

Versuch nicht zu kontrollieren, was du nicht kontrollieren kannst! Das Leben ist ein Prozess, der gelebt werden will, das Leben ist kein Problem, was du lösen könntest!

Veränderung kommt von ganz allein. Du brauchst nicht viel zu tun. Wenn du den Himmel betrachtest, siehst du die Wolken vorüberziehen. Du musst nichts unternehmen, es geschieht ganz von selbst. Die Jahreszeiten wechseln, du brauchst nichts dafür zu tun. Jeder Tag vergeht, die Nacht kommt. Jede Nacht vergeht, ein neuer Tag beginnt. Es geschieht ganz von selbst. Jede Veränderung ist unaufhaltsam. Wenn du dich dagegenstemmst, verlierst du deine Kräfte.

Doch bei all den unaufhaltsamen Veränderungen spürst du immer dieses »Ich bin« in dir. Das »Ich bin« hat dich nie verlassen, das »Ich bin« wird dich nie verlassen. Eines Tages wirst du sterben. Auch dafür brauchst du nichts zu tun, und dagegen kannst du nichts tun. Doch dein Tod ist nicht das Ende des ständigen Wandels. Auch der Tod ist voller Überraschungen. Dein Tod ist deine

Abwesenheit für andere. Sie bleiben dort, wo du nicht mehr bist. Du selbst aber bist immer anwesend. Egal, wo du bist.

Glaube weder an deine Schuld noch an deine Unschuld! Aber verrate niemals deine Seele!

Der Glaube an Schuld ist die schlimmste Krankheit der Menschen. Der Glaube an Schuld hindert die Menschen daran, glücklich zu sein. Der Glaube an Schuld hindert die Menschen daran, sich total auf Freude einzulassen. Weil man in ausgelassener Freude keinen Gedanken an Gebote und Regeln verschwendet. Wahrhaftig gibt es keine Sünde, gibt es keine Schuld. Das Göttliche umfasst alles, und deshalb kann nur zum Göttlichen gelangen, wer allumfassend gelebt hat. Allumfassend zu leben ist der Weg zu Gott. Wie könnte ein Teil des Weges, der zu Gott führt, Sünde sein? Erst wenn wir den Glauben an unsere Schuld verlieren, haben wir sie überwunden. Und wenn es keine Schuld gibt, kann es auch keine Unschuld geben.

»Vergib uns unsere Schuld, wie auch wir vergeben unseren Schuldigern«, heißt es in der Übersetzung des Vaterunsers. Ersetze den Begriff »Schuld« einmal durch das Wort »Verwundbarkeit«: »Vergib uns unsere Verwundbarkeit, wie auch wir den anderen ihre Verwundbarkeit vergeben.« Ich gestehe mir meine Verletzbarkeit ein und mache mir bewusst, dass auch alle anderen verletzbar sind. Dieses Bewusstsein ist der erste Schritt zur Heilung.

Der Verstoß gegen die eigene Wahrheit impliziert jedoch allergrößtes »Bereuungspotenzial«. Wenn wir die Grenzen unserer Wahrhaftigkeit überschreiten, überschreiten wir zugleich die Grenzen unserer Vergebungsfähigkeit. Wir werden uns nur schwer verzeihen können, wenn wir unsere Seele verraten haben. Die Botschaft lautet: Der eigenen Wahrheit folgend sündigen? *Ja!* Gegen die eigene Wahrheit handeln? *Nie!*

Sünde bedeutet Verfehlung. Wenn wir sündigen, verfehlen wir uns selbst. Dies ist immer dann der Fall, wenn wir das, was wir tun, nicht mit ganzem Herzen tun. Die Botschaft lautet: Und wenn du fehlst, dann fehle total! Und wenn du sprichwörtlich zur Hölle fährst, dann fahre total zur Hölle. Wenn ein totaler Mensch in die Hölle fährt, verwandelt sich die Hölle in den Himmel.

Manche fragen sich: Keine Sünde? Keine Schuld? Was ist denn mit all dem Unrecht in der Welt? Wie kann Gott all die Ungerechtigkeiten zulassen? Die Antwort lautet: Weil wir es zulassen. Alles im Universum ist Teil des Göttlichen. In diesem Sinne ist jeder Gott. Nur gibt es einige, die es wissen, andere, die es nicht wissen. Die es wissen, fühlen sich eins mit »allem, was ist«, die es nicht wissen, fühlen sich getrennt von »allem, was ist«. Wenn du weißt, dass Gott die Liebe ist und du dich eins mit dem Göttlichen fühlst, weißt du, dass du selbst die Liebe bist. Ein Mensch, der weiß, dass er die Liebe ist, geht verantwortungsvoller mit der Schöpfung um.

Sich selbst gegenüber nicht voller Liebe sein, von sich selbst nicht begeistert sein, ist immer darauf zurückzuführen, dass man sich selbst nicht als genügend wertvoll empfindet. Man hat in sich ein Idealbild des genügend Wertvollen. Solange man dem Idealbild nicht entspricht, spürt man das Gefühl des genügend Wertvollen in sich nicht. Mit der Auflösung des Idealbildes verschwindet das Gefühl der Wertlosigkeit. Darin liegt die Bedeutung des Satzes: »Mache dir kein Bild von deinem Gott« (5. Mose 5, 8).

Es gibt keinen Gott, der den Menschen befiehlt, in seinem Namen zu töten. Aber es gibt einen Gott, der den Menschen empfiehlt, in seinem Namen zu lieben und zu vergeben.

Der Weg der Selbsterkenntnis führt zur Einsicht, dass nichts im Leben eines Schuldgefühls bedarf. Das Leben ist kein Kampf zwischen Gut und Böse, es ist die Erfahrung von »allem, was ist«. Alle Erlebnisse wollen erlebt, alle Gefühle wollen gefühlt und alle Gedanken wollen gedacht werden. Also zünde in dir ein riesiges Fegefeuer an, und verbrenne deine Schuldgefühle!

Epilog: »Hallelujah«

Als ich vor einem Jahr mit dem Manuskript begann, beschloss ich, die letzten Zeilen an dem Ort zu schreiben, an dem die Idee für dieses Buchprojekt entstanden war. Die letzte Inspiration wollte ich am See Genezareth erhalten. Das Buch sollte dort enden, wo es begonnen hatte.

An einem Mittwochnachmittag im August 2015 kamen wir, Stefanie Schremmer und ich, gegen halb drei Uhr nachmittags wieder nach Dalmanuta. Bei unserer Ankunft war ich zunächst enttäuscht, weil am See zwanzig Menschen saßen. Normalerweise herrscht an dieser Stelle Ruhe, die ich zum Schreiben nutzen wollte, doch nun trafen wir auf eine italienische Gruppe, die einen Gottesdienst feierte. Regelmäßig findet dort nur sonntagsmorgens eine Messe statt, diese Veranstaltung war quasi außer Plan. Die Szenerie war für eine katholische Messe ungewöhnlich, da der Priester nicht am Altar stand, sondern auf Augenhöhe mit den anderen auf dem Boden saß.

»Bodenständig und auf gleicher Augenhöhe, zwei Kriterien der Arbeit nach dem Dalmanuta-Prinzip«, dachte ich.

Die Predigt wurde nicht von ihm gehalten, sondern von einer Frau aus der Gruppe, die mit Inbrunst sprach.

Sie sprach vom Glauben, der aus dem Herzen kommt. Sie sprach von Religion als innerem Weg der Spiritualität und Kreativität. Ihr Tonfall war nicht belehrend, sondern fröhlich. Sie lachte und gestikulierte, während sie redete.

Nach ihr übernahm der Priester wieder das Zepter und forderte die Anwesenden auf, laut zu sagen, wofür sie momentan dankbar seien. Fast alle Gruppenmitglieder antworteten mit einem kurzen persönlichen Statement. Bei dem anschließenden Friedensgruß umarmten sich alle herzlich. Sie winkten uns herbei, umarmten auch uns und wünschten uns Frieden.

Auf dem Altar stand eine kleine digitale Musikanlage, die der Priester mit einem Tablet in der Hand bediente. Der Priester schaltete die Musik an, und aus den Lautsprechern erscholl genau das Lied, mit dem die Seminarteilnehmer in der Kirche des kleinen Ortes an der Nordsee am Samstagabend empfangen werden: »Hallelujah« von Leonard Cohen.

Die Wahrscheinlichkeit, dass man an einem Mittwoch um halb drei Uhr nachmittags nach Dalmanuta kommt und dort ein spontaner Gottesdienst stattfindet, ist gering. Noch geringer ist die Wahrscheinlichkeit, dass man dort auf einen Priester mit Tablet-Anlage trifft. Doch wie groß ist die Wahrscheinlichkeit, dass dieser Priester genau das Lied einsetzt, das ich seit 1999 bei jeder

Zeremonie in »meiner« Kirche an der Nordsee spiele, bevor die Teilnehmer auf den Dokumenten ihrer Schuldgefühle tanzen?

Für mich war dieses Erlebnis ein weiteres Wunder von Dalmanuta und zugleich ein Zeichen dafür, dass mir dieser besondere Platz am See Genezareth sein Einverständnis dafür gegeben hat, das Prinzip meiner spirituellen Arbeit nach ihm zu benennen. Mit der energetischen Kraft dieses heiligen Ortes im Rücken möchte ich zusammen mit vielen anderen das »Dalmanuta-Prinzip« weiter in die Welt tragen.

Peter Michael Dieckmann

Dank

Ich danke meiner Frau Karina.

»Wenn ein Mensch Arzt werden will, belegt er ein Studium an einer Universität. Wenn jemand Ingenieur werden will, besucht er eine technische Hochschule. Doch wo geht ein Mensch hin, der einfach nur er selbst sein will?« Diese Frage wurde mir am Anfang meines spirituellen Weges gestellt. Wir beide, liebe Karina, haben eine Schule gegründet, in der Menschen lernen können, einfach nur sie selbst zu sein.

Mein Dank gilt all unseren Wegbereitern und Wegbegleitern!

Insbesondere danke ich Stefanie Schremmer, die maßgeblich an diesem Buch mitgearbeitet hat. Ohne dich, liebe Stefanie, gäbe es das Dalmanuta-Prinzip nicht!

Anhang

Verzeichnis der Techniken, Meditationen und Übungen

Der Baum der Erkenntnis – Eine Meditation
Ich gebe zu
Es ist okay
Mantra-Atmen: Mein Reich ist nicht von dieser Welt
Dreimal und nie wieder
Der Fluss der Gedanken
Friede sei mit dir
Der Engel aus der Zukunft
Hingabe
Der erste Schritt
Jede dritte Stunde – Dankbarkeit und Intention
Wenn ich wüsste …
Die Dalmanuta-Handübung bei Angst und Befürchtung
Die Dalmanuta-Vergebungsübung mit Licht, Wasser und Erde
Die Chakra-Vergebungsübung
Die Dalmanuta-Meditation
Der kleine Tropfen

Empfehlungen

Informationen zu unseren Seminaren:
www.dalmanuta-prinzip.de
www.petermichaeldieckmann.de

Informationen zu Stefanie Schremmer und ihrer Arbeit:
www.dalmanuta-prinzip.com

Anmerkungen

1 Siehe auch Teil III, besonders die einleitenden Worte zu Beginn des Abschnitts »Techniken, Meditationen und Übungen«.
2 Peter Michael Dieckmann: *Wenn zwei sich treffen in meinem Namen. Gespräche mit JJ*, Goldmann Arkana, München 2004, Seite 308–312.
3 Khalil Gibran: *Der Prophet. Im Garten des Propheten*, Goldmann Arkana, München 2002, Seite 25.
4 Zitiert nach https://de.wikipedia.org/wiki/Corrie_ten_Boom [Stand: 13.11.2015].
5 Zitiert nach http://myzitate.de/zitate.php?q=Michael+Jordan [Stand: 13.11.2015].
6 Zitiert nach http://zitate.net/nelson-mandela-zitate [Stand: 13.11.2015].
7 Hans Günter Hockerts und Christiane Kuller (Hg.): *Nach der Verfolgung Wiedergutmachung nationalsozialistischen Unrechts in Deutschland?*, Wallstein, Göttingen 2003, Seite 159.
8 Marianne Williamson: *Rückkehr zur Liebe. Harmonie, Lebenssinn und Glück durch »Ein Kurs in Wundern«*, Goldmann, München 1993/95, Seite 180 f.
9 Zitiert nach www.sasserlone.de/zitat/3133/johann.wolfgang.von.goethe [Stand: 14.11.2015].
10 Zitiert nach www.songtexte.com/songtext/johnny-cash/he-turned-water-into-wine-2be914c6.html [Stand: 24.11.2015].
11 Zitiert nach www.aphorismen.de/suche?f_autor=1887_Washington+Irving [Stand: 17.11.2015].
12 Zitiert nach J. P. Lang: *Deutsches Kirchenliederbuch*, Meyer und Zeller, Zürich 1843, Seite 539.

13 Zitiert nach https://de.wikiquote.org/wiki/Oscar_Wilde [Stand: 02.12.2015].
14 Dieckmann, a. a. O., Seite 115–117.
15 Neil Douglas-Klotz: *Das Vaterunser. Meditationen und Körperübungen zum kosmischen Jesusgebet*, Knaur Mens Sana, München 2007.
16 Der aramäische Text findet sich verbreitet im Internet. Siehe auch Douglas-Klotz: *Das Vaterunser*, a. a. O. Die Annäherung an den aramäischen Text in einem möglichen deutschen Wortlaut zitiert nach Franz Alt: *Was Jesus wirklich gesagt hat. Eine Auferweckung*, E-Book, Gütersloher Verlagshaus, Gütersloh 2015.

Hinweis: Das Zitat von Marianne Williamson auf Seite 121 wurde in die neue Rechtschreibung übertragen, um bessere Lesbarkeit zu gewährleisten.

Unsere Leseempfehlung

224 Seiten
Auch als E-Book
erhältlich

Wir alle kennen schwierige Lebensphasen, in denen uns ein scharfer Gegenwind das Leben schwer zu machen scheint, und Phasen, in denen uns ein freundlicher Rückenwind bestärkt und das Leben leicht macht. Beides als gleichermaßen wichtig anzunehmen und wie einen Austausch von Geben und Nehmen zu bejahen, ist das Geheimnis eines erfüllten Lebens – nur leicht fällt uns das nicht. Peter Michael Dieckmann gibt Rat, wie wir für uns sorgen können, wenn das Leben uns angreift.

www.goldmann-verlag.de
www.facebook.com/goldmannverlag

Unsere Leseempfehlung

288 Seiten
Auch als E-Book
erhältlich

Basierend auf den Aussagen des Grundlagenwerks „Ein Kurs in Wundern", lehrt Marianne Williamson spirituelle Grundprinzipien wie Vertrauen, Hingabe, Vergebung und Furchtlosigkeit. Ihr Buch gibt uns ein Selbstheilungsprogramm an die Hand, eine Art spirituelle Psychotherapie, mit dem Ziel, auch in Krisenzeiten oder bei Beziehungskonflikten dorthin zurückzukehren, wonach wir uns alle sehnen: zu Einheit und Liebe.

www.goldmann-verlag.de
www.facebook.com/goldmannverlag